說南道北

說老人
說老師
說老話

劉雨虹 著

南懷瑾文化

出版說明

糊里糊塗又東拉西扯一年多了，就像寫日記一樣，每半月寫一篇，像是人家初一和十五燒香拜佛似的。

其實我常常有不再寫的念頭，奇怪的是，到時候就會有事非寫不可，過後再看，好像也還有點意思，不免想到有一首詩，「當時只是尋常事，過後思量倍有情」，想起老師，想起老友，想起以往種種的事，都是十分有情的啊！

雖是東拉西扯，但內容是真實的，待來日拿不動筆時，翻開給自己看吧！可以沉醉在美好的回憶之中……

劉雨虹 記

二〇一六年除夕

目錄

一、自知之明

記得是老子說的：「知人者智，自知者明」，意思是能知人的，是有智慧的人；能自己瞭解自己的，才算是明白人。知人的意思，不是此人姓甚名誰，什麼學歷，什麼愛好，習慣作風之類的，而是了解他是什麼材料，什麼根性，能夠做什麼事。

知人很不容易，一般都摻加了個人情感，以致所託非人，委人不當，事情就難了。自知之明就更難了，芸芸眾生之中，不自知的人太多了，如果自我反省的話，常會發現許多事都是因為自己沒有自知之明，才變糟的。我也常常如此。

另有一種沒有自知之明的人，更為滑稽可笑，分明不是老大，偏偏要扮演老大的角色，案情也沒有弄清，就要當調停人，自認一言九鼎。北方人罵人刻薄有趣，罵這種人：「也不撒泡尿照照自己」，意思是沒有鏡子照自己，就撒尿，那一灘尿水就是你的鏡子。你照照看，你算老幾？你沒啥了不起。

日常生活中沒有自知之明的事太多了。有一個女士，媳婦給她生了一個孫子，她興奮萬分，跑去照應媳婦坐月子。豈知才三天的功夫，媳婦請來了自己的媽媽幫忙，這個婆婆很不高興，只得黯然撤退，為了不能作主又氣又悶。

更可笑的還有一個朋友的朋友，移民美國多年，兒子從美國大學畢業後，工作、戀愛、結婚、生子，一路順風，只可惜婆媳關係不熱反冷。雖然媳婦也是中國留學生，聽說因為婆婆對獨生子管控很嚴，當然又想管控媳婦。我相信也是她的愛心，以致愛得過度就變成了干涉自由。

在美國那個崇尚個人自由的地方，如果還想把中國古老時代子孫滿堂共處的家風，施展到現在小家庭中，不但在美國行不通，就是在中國或台灣等地，恐怕也行不通。

可笑的事還沒說完呢！這個婆婆聽說媳婦帶了新生的孫兒從醫院回家了，這個婆婆就駕車前往看自己的孫子，當然是人之常情。令人噴飯的是，兒子沒有請她進家門，卻叫她停車馬路邊，兒子只把奶娃抱出來，給她看了一眼而已。

真有點氣人！這個婆婆能不氣嗎！所以她氣得到處抱怨，罵媳婦，反正兒子是好的，只怪那個媳婦，還說「那奶娃是我的孫子啊！」

對啊！是你的孫子，可那是媳婦的兒子啊，你不過是個奶奶，與孫子中間隔了一個媳婦啊，你怎麼沒有自知之明呢！

這是我在美國的朋友告訴我的，我這個朋友是山東人，說話很好玩，她說，本來想罵這個婆婆一句：「你也不撒泡尿照照，這奶娃是你孫子，不是你兒子，連兒子也都不屬於你了。」後來想到那婆婆是女的，撒了尿也照不見自己，就改罵她自私自利。別以為什麼都屬於你，兒子、孫子……天天都是說「我的，我的」。都是你的，等那天來到，什麼都不是你的。

我這個山東朋友電話中說了這麼一件事，大家都笑了起來，因為她說的很激昂慷慨，也很可笑。

她又說，許多中國人到了美國，美國人的禮貌習慣沒有學到，反而學了些不倫不類，尤其中美文化背景不同。如何調和，取長補短，也是很費思量的。這又讓我想到一個大學老同學，曾在美國西屋公司任高級工程師，太太是德國移民的第二代，很有修養，有禮貌。多年前有一次買水果時，她想買芒果，因為是進口的，很貴，於是她就對他的丈夫（就是我這個老同學）說：「我可不可以買啊？」我這個老同學立刻說：「你想買什麼都可以，儘管買！」真是相敬如賓。

中國古老傳統，夫妻守則是：「上炕的夫妻，下炕的君子」，雖是同衾共枕，但要互敬互諒，保持君子風度。古人不是說過嗎？君子絕交不出惡言。如果古人看到現在的有些夫妻，不但口出惡言，還加上動手互毆，把旁邊的小兒女嚇得驚哭連連，真可憐。我們中華文明古國的子孫啊，怎麼辦！

最近因為檢閱南老師所講的《孟子》各篇，在〈告子〉篇中，孟子講到修養。修養包括養身與養心二者，養身當然包括了養氣等等。但是說到養心時，老師解釋說：放下就是放心，也就是養心。

日常生活中，我們該放心的也不放心，該放下的也不放下，其實就是不該管的也要管，都是自找麻煩！連孟子說的人乘的修養還沒有做到啊！大家一同加油吧！

二〇一四年四月十五日

二、鑪鞴和病患

古人有句很有意思的話：「鑪鞴之所多鈍鐵，良醫之門足病人」，用白話來說，就是冶煉爐旁都是鈍鐵，良醫門前都是病人。

先說良醫吧！好醫生當然門前大排長龍。這個醫生真可憐，一天到晚看到的，都是愁眉苦臉的病患，如果沒有一些定力修養的話，日子真不好過。當然，把病人醫好，心中高興，也算是一種安慰。

記得很多年前，看到一份美國的資料，說美國醫生中自殺率最高的是牙科醫生，其次是心理科醫生。牙醫為什麼有的會自殺，很難了解，但心理醫生，天天聽這些想法有偏差的訴說，聽了一天、兩天，三年五載，恐怕自己心情也會受到影響吧！所以，行醫救人，固然是愛心救世的偉大胸懷，但真是太不簡單了，太不容易了。

再看這個鈍鐵的問題。說句難聽的話，鈍鐵大概就是笨蛋，如果不是笨蛋，這塊鐵早已煉成刀或劍了，不會仍是冶爐旁邊的一塊鈍鐵。

就以孔夫子來說吧，這位有教無類的聖人，大教育家，門下弟子三千，還有七十二賢，究竟有幾個煉成了刀劍，光芒四射呢？當然，門下的曾子寫了《大學》，孔子的孫子子思寫了《中庸》，但是，直到一百多年後的孟子，才算接了孔門的棒子。

當孔子逝世後，不知道有沒有門人以接棒人自許的。那時是兩千多年前，人們的生活比較簡單，既沒有媒體，更沒有網路，也沒有什麼粉絲之類的。但是，想必也有自封為接棒傳人的吧？因為不論古今，好名好利的人都是一樣存在的。

天下事很妙，真的傳人當然不會是自封的，更不會宣揚，相反的只會謙恭。只有那些自封的接棒人，才需要吹噓宣揚，自吹自擂一陣子，發現響應認可的人不多，連抬轎子的小貓三隻五隻也不見了，只好偃旗息鼓，另做打算了。

其實古今中外都是如此，沒啥稀奇，因為熱衷名利的心是相同的。就說六祖門下那個神會吧，自己品行不太端正，仗著六祖的招牌，也有些抬轎子的人眾，著實招招搖搖的，風風光光的，頗有一些時光。六祖雖然說他是知解之徒，但他能知解，也算不簡單了。

最近南師家屬子女輩，有被邀請與大眾結緣，講些南師的家教之類的話題。我雖未恭逢其盛，但卻令我想起前幾年的一樁事。

記得南師常說：「視天下人如子女，視子女如天下人。」對於這句話，我是十分懷疑的。因為事實證明，老師對待家人子孫輩，是非常嚴格的；而對待門人學生友朋輩，卻是有求必應的。

大約三年前，南師家中晚輩一個少年，請求南師（他的太爺爺）寫一封信，推介他入某大學的科系。南師不但沒有答應，還告訴這個曾孫子要順應自然，不可強求之類的話。

可是，就在同時，一位女士，同樣的情況，請南師寫信推介她的兒子入學，南師立刻答應，馬上寫信，她的兒子也如願入學了。

此事的經過，我們大家都是親眼目睹的。說實話，當時我心中很為南家這個少年抱屈！你不是我的太爺爺嗎？為什麼連這一點點的小事都不肯幫我啊？

我這樣說，不是在怪罪南老師，我們都深知老師的立場，他在六十年前，當《禪海蠡測》初次出版時，書的背面已印上「為保衛民族文化而戰」了。這是老師一生的奮鬥目標，為挽救命如懸絲的民族文化，始終如一，至死不休。

老師的支持者，有學生，有常隨眾，也有許多有識之士，有人出錢，有人出力，都是為文化的同一目標而努力，有志一同。不過聽說也有人別有用心，這也在所難免。

現在，民族文化的種子已遍地花開了，南師八十年來，一切毀損誣衊不計，奮勇向前，雄偉的氣魄！不朽的靈魂！五百年來的一個人啊！

二〇一四年五月一日

三、一個少年來客

有一個少年，轉彎摸角找到了我，令我大吃一驚，一問之下，原來是一個親戚家的孫子，年方一十六歲。

現在的年輕人真勇敢，天不怕地不怕，大概家中長輩對他也沒辦法，只得任由他前來向我問話。

他說因為偶然看到你（指我）的博文，覺得有些奇怪，有三個疑問，問他爺爺，爺爺不但不回答，還罵他糊塗。

第一個問題，他說：為什麼你們的南老師對別家孩子幫忙，對自己的孫子不幫忙？孟子不是說老吾老以及人之老，幼吾幼以及人之幼嗎？

這孩子真厲害，一句問話，一時把我也搞糊塗了。不過，薑是老的辣，我略停一下就問他：你小時候跟同學打過架沒有？他說上小學一年級就打過架，因為他欺侮我，回家爺爺和爸爸反而都罵我不該打架，應稟告老師處理。

我說，你爺爺爸爸罵過你之後，有沒有去罵你那同學啊？他說當然沒有，我那時真希望爸爸去罵那個同學。

我反問他：你不是說幼吾幼以及人之幼嗎？怎麼不先罵你，再罵那同學呢？他聽了我這句話好像真糊塗起來了，只傻傻的看著我。

我說現在你明白了吧！同樣的事情，因對象不同，作法就不一樣，長輩對子孫是家教，培養晚輩不可依賴身世背景，應該自強獨立站起來。這是我們中國人的優良文化傳統。孟子有一句話你大概不知道。孟子說：「富歲子弟多賴」，意思是好環境，太順遂，有依靠，會變成花花公子，不求長進，所以對子孫教育要嚴格。

至於對別人的孩子，也是幫助，但不是家教的範圍，對不對？都是愛護，方法不同而已。

我說的一番話，他聽明白沒有，不知道，反正他又問了第二個問題。他說：你們南老師要「為保衛民族文化而戰」，他要跟誰開戰啊？

我說當然跟破壞民族文化的開戰啊！這不是用刀用槍的戰，而是作人做事，身體力行的。其實就是努力的意思，只是用一個戰字表示決心和堅定意志罷了。南老師因為自幼喜讀古典書籍，比我們瞭解古書和傳統文化，現在大多的人都不了解古典，學校也少讀古書，南老師用淺顯易懂的言辭解釋傳統文化，使人容易明白，減少誤解，這就是為保衛民族文化而戰了。你不要看到戰字就想到機槍大炮。

他的第三個問題非常妙，他說：你說的，你們南老師是五百年來的一個人，這是什麼意思啊？我爸爸也說不知道是什麼意思，我爸爸還說為什麼不說一千年？曾經有人說你們南老師是一千年才出現的，像他這樣的一個人。

這個少年真有意思，大概年紀輕，好奇心重，他口口聲聲說「你們的南老師，你們的南老師」，好像與他無關，我不免問他：你為什麼對「我們」的南老師那麼關心啊？你真要想弄明白的話，就先去看《論語別裁》吧！順便也知道一些歷史上的故事，如再有問題，就再看「我們」南老師的其他的書去找答案，你自己就能解答了，不必問別人。

他聽了我的話立刻說：「可是你還沒有回答我五百年的一個人的問題啊！這也是我爸爸想知道的呀！」

這孩子的頭腦真夠靈光的，沒有忘記他的問題。我說：關於這個問題，我對你也說不清楚，如果你有興趣弄明白，將來看了《孟子與公孫丑》大概就會明白一些……

一個十六歲的少年，在二十一世紀的今天，在中國，獨生子女，看電視，玩手機，吃麥當勞、德州炸雞，不看古書，不學《禮記》……回想我的十六歲，那年的年底（一九三七年冬）參加抗戰，在前線的後方，時而三餐不繼，但天天唱著：「起來！不願作奴隸的人們……」那時歌名叫〈義勇軍進行曲〉……

轉眼到了今天，面對著這個少年，忽覺人生如夢如幻，許多偉大的人物都過去了，許多人生的驚心動魄也過去了，環顧四周，只看到書，古的書現代的書，回頭再看這個少年，一個對祖先文化充滿求知和好奇的少年……

二〇一四年五月十五日

四、私塾和兒童讀經

前幾天看到一個消息，說北京朝陽區有一個黑私塾，因為用戒尺打學生而被查處。這位私塾老師自稱是南懷瑾老師的弟子。

這件小事卻涉及好幾個問題。首先是弟子的問題，早年的台灣在老師去美國後，就有人出面講經說法，自稱是南師的弟子，所以此事司空見慣，也就見怪不怪了。況且，如果讀了南老師的書，雖未謀面，也可自稱為私淑弟子的。問題是，他是否藉名招搖。

再說有關私塾的問題，事雖小，影響卻大。有些私塾，如果是收幾個學生，下課後學習讀經，倒也罷了；如果是不正式入學，專讀私塾，那就大有討論的必要了。

記得是二〇一〇年，有個來訪南師的客人，對老師說，他有一個朋友要辦私塾，因為是南老師提倡的。

老師聽了客人這句話，大聲問道：「我什麼時候說過提倡辦私塾啊？我是說過古人讀書，多是自學而成，或在私塾學習，那是當時的社會環境啊！」

從前，幾百年前，千年前，都是如此，自學而後參加考試，才有工作，為公家工作。直到清朝晚期，因為受了洋人的欺凌，才開始廢科舉、辦學堂，使一般人民都能讀書受教育，因為西洋人已經發明了火車輪船、洋槍大砲……這些科技我們什麼都沒有，連不識字的文盲，都還是我們人口中的大多數。

到了民國初年，許多用庚子賠款到歐美留學的中國青年，已陸續回國了，向西方學習，提倡民主與科學，要迎頭趕上西方。這當然是好事，但卻把傳統文化一刀切了。傳統文化中不合時宜的事，當然應該切除，可惜的是，珍貴的部分也被切掉了。

說到傳統文化中不合時宜的事項，實在不少，就以孝道來說吧，孔子去世後子貢守墓三年，《史記》說六年，這種事能不廢除嗎！還有葬禮的複雜和奢侈，當時的墨子都反對了。另外還有男女授受不親這件事，現在已成了笑話，現在的男女，一經介紹就擁抱起來了。

其實，「孔子的思想是延續傳統文化的精神，不贊成復古，主張適應時代的潮流，把握時勢的變化，參酌古今之變，而建立人道文化的社會。但也不同意完全否定傳統文化的作法。」

孔子這段我用引號，因為這是南老師說的。

說到這裡，使我想到一件很妙的事，聽說佛教比丘尼戒律中有一條戒，比丘尼與男性說話，不可超過六句，所以有一個尼師說，她天天在犯戒。所以說，是非對錯說不清，因為隨時代環境而變，佛教中這類戒律屬於遮戒，是可以修改的。

說到私塾不免想到兒童讀經，記得是二、三十年前吧！王財貴教授首先倡導兒童讀經，南老師很讚揚，也加以提倡推行。當初在五十年代的台灣，中小學教科書中，仍有傳統文化的經典文章，給年輕學子培育傳統文化的基礎。但到了陳水扁主政時代，即逐漸取消，因為他主張台獨，所以切斷傳統文化。

現在兒童讀經，已經很流行了，有些孩子會背誦很多經典，也就驕傲起來。所以南老師說正常適當即可，以免過猶不及。

另外在讀經之外，也要孩子們讀些《朱子治家格言》或《增廣昔時賢文》之類的，有人家中的孩子會背《朱子治家格言》，晚上不睡覺，玩電腦遊戲，媽媽對他說，朱子說「既昏便息」，去睡吧！豈知那孩子說：那是朱子不是我！

我猜，有些父母可能是逼孩子讀經的吧？難怪南老師常說，教育要知道學生的性向，是誘導，不是強迫。

其實南老師是提倡職業教育的，常常建議想辦學校的人辦專科學校，更鼓勵辦女子專科學校，培養未來的母親，以充實並加強母教，使孩子們都能有好的家庭教育，為了辦女子教育之事，記得老師為此還捐了一百萬元，結果如何就不得而知了。

剛收到消息，台灣六月新書有一本是《東拉西扯》，書店介紹作者劉雨虹，使我大吃一驚，因為說我「一九六九年認識南老師，是南老師的入室弟子」。天哪！南老師心目中連弟子都沒有，何來入室弟子？這些常見的類似的話，都是捧人的好聽話，外行人信以為真，內行人暗笑。我雖認識老師四十多年，但只是一個旁聽生，後來也只能算是一個抄謄文字的學習人罷了，所以立刻通知書店刪除這句話，這句話真讓我出了一身冷汗。

這本繁體字新書，是由「南懷瑾文化公司」在台灣出版的（不是老古公司出版）。除了這本《東拉西扯》，還有《雲深不知處》《南師所講呼吸法門精要》，另外還有南老師講述的《孟子與盡心篇》，這本書與《東拉西扯》同時由東方出簡體字版，可能晚一個月才印好。

最近有人在感謝我出版《宗鏡錄略講》，這本《宗鏡錄略講》與我無關，因為南老師始終不許出版這本書，而且南老師去世後二十天（二〇一二年十月十九日），我就正式離開老古公司了。老師在世時，我作了幾十年的編輯義工，勉力追隨學習，現在我已是九十四歲的人了，精力也大不如前了。

雲深不知處
南懷瑾先生辭世週年紀念
劉雨虹 編

孟子與盡心篇
南懷瑾

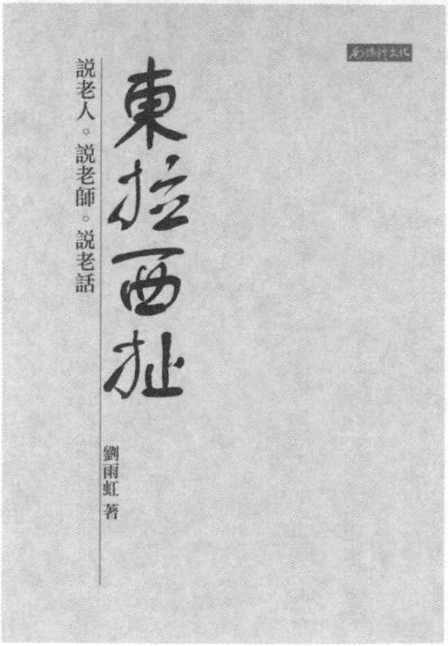
說老人。說老師。說老話
東拉西扯
劉雨虹 著

南師所講
呼吸法門精要
劉雨虹

二〇一四年六月一日

五、六月六日斷腸時

有一部美國電影「六月六日斷腸時」，大陸翻譯名稱也許不同。這部電影我是五六十年前看的，內容是關於一九四四年二戰盟軍諾曼地登陸的故事，描寫參加的美國軍人，在面臨九死一生的戰爭狀況時，心理的變化，行為的變化。

人心在環境的壓力下，是會改變的，人生的價值觀、道德觀，以及行為操守，都會在壓力下，大幅度的改變。這是一般普通人，過著平常生活的人所想像不到的。因為環境對人真會造成影響，造成巨大的影響。

不要說參戰的軍人受影響，就說我自己吧！當時我在成都上學，諾曼地登陸這件壯舉，對當時我們一般大眾，也是衝擊很大的，因為世界大戰已打了六七年之久，打到哪一天啊？人人心情都十分苦悶。登陸消息一傳來，大家都守在收音機旁聽廣播，聽到大量的人員傷亡，軍事行動的慘烈，真是驚天地泣鬼神。那些戰士們，都是與我年齡差不多的啊！當時死亡慘重，撼動了萬萬千千父母的心啊！

此次登陸之舉，是盟軍對德國納粹開闢的第二戰場，成功的扭轉了戰局。

七十年後，慶祝登陸活動，在法國登陸地舉行，就在六月六日，各盟國政要領導都參加了，新聞不斷在報導著許多感人肺腑的情節。首先是德國也參加了活動，昔日的敵人，變成了朋友，一個德國退役軍人說，幸虧登陸成功，把我們從納粹的控制下解救了出來。

加拿大有些參戰的青年們，出發前留言說：如果戰死，願與戰友同葬一處，所以當地有極廣極大的戰士墓園，那些為自由為人類而犧牲的年輕偉大的生命，永留此地，被人們敬仰憑弔。

艾森豪將軍是聯合登陸戰役的美方領導，此次成功，奠定了他一九五三年進入白宮的基礎。艾森豪是一個優秀將領，做事比較圓融，了解政治生態的複雜性，故而能當選總統。

二戰時美國還有表現優異的將領，如麥帥，如巴頓將軍。麥帥戰後參與一九五〇年的朝韓之戰，曾揮兵直達鴨綠江邊。他建議總統渡江打進大陸，而被杜魯門否定了，並調回美國。在紐約卻受到萬人空巷的歡迎，他是最受人們敬仰的人，他寫給兒子的一封信，被認為是名文，兒童讀經也收錄進去了。

再說巴頓將軍，他正直、高尚而凜然，有特殊的戰果，但他的內心是卑視華府許多的政客的。像這樣冰雪清明的人品，當然不可能見容於政治圈中，更可惜的是戰後歐洲的複雜局勢，他因車禍而喪生，聽說是被安排的謀殺。

德國這個民族，在受了多種痛苦之後，則如孔子所說「知恥近乎勇」，而他們那個納粹頭子希特勒，不過是孟子說的「小有才，未聞君子之大道」之人，按照《孟子・盡心篇》所說，這種人，必定會走上絕路的。

德國人痛定思痛，反省認錯，不斷向受害人們道歉賠罪，所以才能與各國友誼相處，德國人的善行改變了他們的命運。

反看追隨納粹的日本，七十年後，仍在追隨希特勒的腳步，二戰前曾有人批評軍國主義的日本，對中國蠶食足矣，何必鯨吞！致遭原子彈之禍。天下的人太奇怪了，國對國有蠶食鯨吞的現象，人與人也不少如此，所謂人心不足蛇吞象啊。

說到「蠶食足矣，何必鯨吞」這句話，許多批命理的人是常用的，不要小看這句話，其中大有文章，當算命的人給你批寫這一句時，其真實的含意是：你已經暗自偷盜別人的財物了，如果再要鯨吞，就會膨脹無藥可醫，離死不遠矣，趁早吐出來吧！

講命理的人說話不太直接，而有文化，有勸善作用，怎奈人都看不懂，所以才會說，說好的地方不太準，說不好時反而加倍的準。

二〇一四年六月十五日

六、德國醫生談中醫

偶然看到一篇精彩的文章，真令人興奮莫名，雖未手舞足蹈，但也忙著介紹給熟人友朋們。

我一向對醫藥有興趣（曾考過醫學院未考上），對中醫興趣更高，雖未學會什麼，但自己仍得益不少，尤其聽說「醫方明」是學佛所必須，所以更是樂醫不疲。

前幾天看到一篇訪問記，真是一篇大震撼的評論，是一個德國中醫專家（他也是西醫）的訪問記。這個德國醫生波克特博士，精通數國語言，中文尤佳。他讀過四書五經，唐詩宋詞，《紅樓》《水滸》《黃帝內經》《本草綱目》《傷寒論》……等，他應該算是一個對中國文化通達之人。他對中國的中醫、醫師、醫藥狀況等，以及中國人自己對中醫的觀念和態度，批評得擲地有聲，切中要害，一針見血。這豈不是孔子說的：「有朋自遠方來，不亦樂乎」嗎！

他說，中醫比西醫，應該有更廣闊的前景，當代人類不能缺少中醫，因為中醫是成熟的科學，在兩千多年前就已在實驗中證明了，並且形成了完整的中醫理論體系。

再看西方醫學，只有幾百年的發展歷史，大踏步的發展也只有幾十年而已。雖然西醫的醫療技術是很可貴的，但是將對老鼠的試驗結果用之於人類，畢竟人不是老鼠，所以西醫只能說是動物醫學。借他這樣的講法，我加一句：「中醫才是人的醫學」。

現代的西方醫學，已走入了方法學的死胡同，不像中醫那樣，是把個體機能失調作判斷而治療。西醫盲目濫用抗生素及激素已很普遍，破壞了人體自身的免疫系統。所以高血壓、心臟病、血栓等隨處可見。

他對有些事的直言，更是驚人，他說中國人把自己的寶貝（指中醫）當垃圾丟掉了，有關部門和有些醫生，不承認自己民族醫學的科學性，一味追求時髦，用西醫的標準和術語改造中醫，扼殺中醫。

他說的這段話真太嚴重了，我們這些炎黃子孫要深刻反省才是。以一個外國醫師，說出如此深沉的警語，應該是善意而又有積極意義的吧！

但是他同時指出，現在的中醫雖到西方行醫的很多，但大多水平不高，懂得望聞問切的更少。總而言之，中醫未得到與西醫的平等對待，研究經費又少，研究人員的基本素養也有問題，研究方法偏謬等，種種問題似乎都待改進。

這個德國醫生，也說到世界醫療方面的趨勢，西方也有很多使用植物藥，58%的德國人服用天然藥物，認為毒性低，他本人也會用艾灸治療自己。他說的最嚴重的一句就是：中國應該克服文化自卑感。他說：

「中國是不應該有文化自卑感的。中國具有悠久的歷史，有燦爛的傳統文化。幾千年來，中國一直是世界上的文化強國，對人類文明有過重大的貢獻。中國只是在近二百年才落後了，但這是社會的落後，管理的落後，經濟的落後，而不是文化特質的落後。中國人應該克服文化自卑感，理直氣壯地弘揚自己優秀的傳統文化，大力宣傳和發展中醫中藥學，要在世界範圍內為中醫中藥『正名』。中醫是成熟的科學，不是經驗醫學，更不是偽科學。不要人為地把中醫學搞壞了，讓人家說你是偽科學。」

這幾句話太沉痛了，回想清末民初那些年代，由於我們這個「東亞病夫」的雅號，促使仁人愛國的文人志士們，要學西方人的科學民主，於是一刀砍斷自己祖先的所有，現在反而是西方人，提醒我們不可自卑，真令人啼笑皆非。

還好！一百年過去了，古人說，風水輪流轉，總算我們已脫離了病夫階段，好運來了。

記得有一家大公司，曾被批評「朝令夕改」，那公司的負責人說了幾句話很有意思，他說：人人都會犯錯，如果「朝令」有不妥之處，「夕改」就是先賢所說「知錯能改，善莫大焉」，如果錯了都不改，那怎麼能行啊！

歷史上有許多改正以往錯誤的記載，其實，當時的有些作法，也不過是時空不同之下的必然罷了。

二〇一四年七月一日

七、果報來了

最近半個多月以來，每天都工作六七小時，忙於校正兩本《禪海蠡測》。一本是老師原著，大家看不懂的古文那一本，另一本是拙譯白話文版。

說到為什麼忙這兩本書，不但我自己忙，一同做這件事的另外幾個人，比我的工作時間更長，如彭敬、牟煉、宏忍師等，真是人仰馬翻，因為同時還要校閱東方將出版的老師的書。

我這不是訴苦或表揚，我這是向大眾發露為什麼會如此神魂顛倒的忙。那一天，我在似夢似醒之中，忽然靈光獨耀，大澈大悟了。

但我悟的可不是什麼禪宗之類的悟，我悟的是我的果報來了，是四十年前偷老師一本書的果報，那本書就是《禪海蠡測》。今日為這本書忙碌，為老師的書忙碌，都是偷老師書的果報。

老師不是說過嗎？人老了，喜歡想過去的事。自從老師仙去，我常常回想往事，回想從前與老師相關的事，想到許多老師不經意說過的話，想到老師許多的作法，對人，對事……現在點點滴滴連起來，似乎都有了結論，正是古詩所說：「當時只是尋常事，過後思量倍有情。」

先說一說我偷老師這本書的事吧。一九七〇年春，我和行廉姐一同去拜訪老師，那時老師辦公室在青田街巷內一所平房，也就是當年七月開辦禪學班的地方。那個時代，也不流行事先約定，就直接去了。

我倆走進老師那間小辦公室，發現老師不在，但卻赫然看見書桌上的三本書，不是整齊放著的，好像隨便丟到桌上的，仔細看去，原來是《禪海蠡測》！

我二人喜出望外，因為那時老師的著作很難買到，現在竟然「得來全不費工夫」，於是毫不猶豫的，各自拿了一本就走了。此時大概有一兩個人在後面辦公室（可能有李淑君），並不知道我們拿走書的事。

當時心中總以為「偷書不為賊」，頂多是個雅賊，最不該的是，之後我們也沒有對老師說明，還以為老師不知道呢！真笨！

現在回想起來，當時一定是有人替老師找來了三本書，丟到桌上，老師回來看見只有一本，就知道兩本被雅賊拿去了，再問誰去過他的辦公室，當然就知道是我和行廉姐把書拿走的。

但老師也不問我們，直到五年後，那個美國來的方博士說看不懂《禪海蠡測》時，老師就看我一眼。現在回想，當時老師心中一定想，你這個劉某某！偷拿我這本書，你不是已經看了五年了嗎？應該會背了吧……所以老師立刻看著我說：「頂好翻譯成白話」，果報！果報！當時我就莫名其妙的自告奮勇了。

這是四十年前的往事，現在才明白，但卻無法向老師當面悔過了。

也許有人會說這是好果報，也想偷老師的書，如果那樣想，可是大有問題的。至少我之偷，不是預謀，而且是為讀書求知，為對老師的仰慕；如果為了有價值，當作財物而占有而偷，那個果報一定是大大不同的吧！

再說校對這兩本書的困擾，讀者能先行了解一些也好，因為六十年前寫書的時候，參考資料少，而老師所寫的，並非全憑資料，大部分是老師「智慧如泉湧」寫出來的。那是證悟後的言語文字，不是書生之談，更不是學者之論。

但是，筆誤或排版有誤，都是在所難免的，資料不實更屬平常。所以一九七三年，老師又重加修訂再版，其中有增有刪，這個版本（老古的）一直流行至今。但是其中錯誤仍然不少，比如：把老師的話誤列入《指月錄》靈雲禪師所說之類的，而其中最嚴重的不同是〈禪宗與禪定〉篇中有一句：「即一切相，離一切法」，但在佛典中則是「離一切相，即一切法」。諸如此類的不同，另外還有幾處。

更麻煩的是，一九七七年老師在審閱語譯文稿時，又有對原文的修定和加添，像此類的差異，最近在修訂時，都必須參酌經典，或增加或修改，或並陳，其中的思考和斟酌，費盡腦汁。只因老師不在，吾等無才無德，不敢任作判斷修改。

更更加困擾的是，簡繁體的問題，引用資料版本不同的問題，古今文字的問題，古今言辭表達的問題，環境變化的影響等等，真是一言難盡。除了盡力而為，別無他法，難怪東方出版社收到《禪海蠡測語譯》稿子已經一年多了，本說四月份可出版，到了現在已七月中了，仍在說「快印好了」。西方古人說：「凡走過，必有痕跡」，所以不能忽略痕跡，一切所言、所寫、所行，都是痕跡，都是顯現真相的證據，不能忽略。

再說一句廢話，由於種種痕跡顯示，感覺老師的佛法似乎已有傳人，猜想三年五載後，可能冒了出來。馬祖門下八十四位大善知識，但傳人是傳人。不過，這只是我的胡言亂語罷了。

二〇一四年七月十五日

八、遲來的醒悟

「五十而知四九之非」這句話，是聖人說的，因為他是聖人，所以五十歲就知道四十九以前有錯誤之處了。可嘆的是，我到了九十四歲還不知道自己的錯誤，現在總算驚醒了一點，差一點弄得至死不悟。

這事起源於對《禪海蠡測》和此書「語譯」稿的校對，一時忙得顛三倒四，因為要把老師各書的說法和用辭，加以統一，以減少矛盾，避免造成讀者們的誤解與困擾。但現在卻忽然發現，這個作法像是向學院派靠攏，違反了老師的作風。

學院派引經據典當然是對的，但是遇到了禪宗就麻煩了。禪宗當然是根據經典的意義，但說法是因人、因地、因時而異的。一個澈悟的禪宗大師，有時說「即心即佛」，有時說「非心非佛」，誰能把他的話統一合乎經典？

校對《禪海蠡測》及語譯稿時，老師引用了《楞嚴經》：「見見之時，見非是見，見猶離見，見不能及」這句話，但把第四句「見不能及」說成了「非見所及」，於是就照經典改了。類似的不同還有幾處，都改了。

後來改到四禪八定時，老師說的是：

空無邊處定
色無邊處定
識無邊處定
非想非非想處定

很多經典，沒有「色無邊處定」，而有一個「無所有處定」。把「色無邊處定」取消，加上了經典文句以後，不知何故，我心中浮起了猶疑和不安。憶起一九七〇年禪學班的時候，老師說的是「色無邊處定」，一九七三年講禪學講座時也是如此講，一直到一九七七年老師審閱語譯稿時，仍然是「色無邊處定」，難道老師都是口誤嗎？

夜夢乍醒，忽然想到整理老師所講《瑜伽師地論》的一幕（二〇一一），當時把老師所講五方佛改成了經典中的說法，在我唸稿給老師聽的時候，也說明了一下改的原因。

豈知老師一聽，怒目瞪著我，一邊握拳敲桌子，大聲說：「照我說的寫！」

這一幕突然又出現在腦海，驚醒了我，出了一身冷汗，想來想去，都是自己的愚蠢，不解師意。

「非見所及」不就是「見不能及」嗎？可見平日讀書都是死腦筋，不求甚解，只死抱經典，根本沒有活用，也不解其意。

再說四禪八定，自己連門在哪裡都不知道，為何認定老師說的不對一定要改成經典說法？目的只是怕別人批評罷了，反正自己也不懂！（真笨）

老師是禪宗澈悟的大師，也是被認定密宗各宗派的上師，老師不是經常說嗎，他是脫掉宗教外衣而說法的，在講《金剛經》時，老師開頭就說：「今日研究《金剛經》，先把自己觀念意識裡宗教的界限和形式放在一旁，然後再來研究《金剛經》的要點與精神，這樣才會得益」，要大家不要執著宗教形式，真理是普遍存在的，不是只在宗教中。

尤其是禪宗，氣吞河山，禪宗大師說：「舉頭天外看，誰是我般人」，那是遨遊天地內外的解脫自在。而現在，我們卻要給老師穿上和尚衣，坐在廟堂裡……我們是在局限，又矮化老師的精神和教化啊，怪不得老師總在倡導儒家學說，那是作人的基本，而我們，連基本的作人都有缺陷……

走筆至此，不免又聯想到一樁舊事，許多年前，老師的一位資深學生，說了一句話：「我是依法不依人」。那是當有人批評老師的時候。

老師的答覆是：「我的法怎麼啦？我這個人又怎麼啦？」

老師這句話是我親耳聽見的。

二〇一四年八月一日

九、怎麼辦

很多年前，小女兒問我：媽媽你小的時候有沒有電視？我說沒有。她說：媽媽你小時候好可憐啊！

我說：我小時候一點都不可憐，我們很快樂，小朋友們一塊踢毽子、跳繩、蕩鞦韆，好玩得很。那時的遊戲，多半在戶外，也是運動，對身心都有鍛煉的作用。

現在科技發達，太方便了，不可能的都變成可能了，人人用電腦，買東西不上街，一切依賴電腦，依賴網路。

喬布斯說得好，他要改變世界，現在不但人的生活改變了，好像人與人的關係也改變了，先拿吃飯來說吧：餐桌上五六個人，一邊吃飯一邊看手機，大家彎著腰，勾著頭，各自忙著，有時還自己偷笑……這個餐桌上的情況可想而知，夠有趣了吧？

那天有人送傢具來，工作完畢請他喝杯茶，閒話中說起他的兒子。因為他兒子愛吃炸雞，愛吃肉類，雖只有十四歲，已長成一百八十公分高了。當然吸收食物中激素太多，發育必然超過年齡。麻煩的是，這孩子每天對著電腦，由於個子高，難免彎腰駝背，又缺乏運動，所以對面看他是個少年，背面看來是個駝背的小老頭。更可笑的是這少年說自己的眼老花了，大家聽得都笑了起來。

現在的年輕人，特別是都市中的年輕人，多數是夜裡該睡不睡，非要待天快亮才睡。這個問題太嚴重了。十幾年前看過一篇文章，是美國肝臟協會（全名記不得）的文獻，說到肝臟的濾毒功能有五百種作用之多，但是只在午夜十一時到凌晨一時，人熟睡才會起作用，過了這個時間，不管你睡多久，都沒有用了。

這個時辰正是夜子時，中國古老的養生之說，人要睡子午覺，除了子時之外，中午能小睡片刻更好。其實這就是中醫和道家的生活指導。

從前佛教的叢林制度下，僧人晚十時前睡覺，凌晨四時起床，中國人一般也差不多是早睡早起。從前的食物也沒有什麼防腐劑，什麼化學添加物、激素之類的，因為科技不發達。記得我八十歲時去看眼科，醫生說我剛開始有一點白內障。而現在的親友晚輩中，四十多歲已有白內障了。

我們未來的國家主人翁，他們的眼睛已託付給手機了，他們的背脊骨也託付給電腦了，他們的雙腿交給了網路代勞，他們的健康呢？大概只好交給醫院了。

幸虧前幾天有一個令人高興的消息，有人在電視上說，在電腦上看書不會思考，只有看書本時才會思考。不過，有幾個人會這樣做呢？

二〇一四年八月十五日

十、三十六歲

昨天，八月三十一日，南老師所撰寫的《禪海蠡測》，經過久久的仔細校訂後，終於重新在台灣出版了。是由南懷瑾文化事業有限公司出版的。

前一陣子我曾提到，為了校訂這本書，我們這幾個人——古國治、宏忍師、牟煉、彭敬，還有我，大家折騰得人仰馬翻。好不容易告一段落，書稿交給了出版社，哪知道又有些七葷八素的囉嗦事，問題出在登琨艷大師設計的封面上。

登大師的封面設計，是一個懷舊的理念，除了書名仍用原來的四個字外，又採用了一些舊書上的資料，更妙的是，把老師三十六歲那年的照片，放在封面上，因為這本《禪海蠡測》，就是老師三十六歲那年寫的。

我說的囉嗦事，就是這張照片引起的。

這張照片，老師穿的是西裝，還打了一個紅色領帶，猜想老師寫好了書，鬆了一口氣，照張相慶賀一番吧！那時拍攝彩色照片是很貴的。不過，這張彩色照片，是在基隆詹阿仁先生開設的照相館，由詹氏親自拍攝的。而這位詹老闆，則是老師在基隆最早結識的道友。

老師一九四九年再次到台灣後，初期就在基隆居住。有一天，一位本地人士來訪，老師問他，本地有沒有對學禪有興趣的人，結果就引來了這位詹阿仁先生。之後詹老闆即與老師常相往來。

登大師設計的懷舊封面，特別是老師這張六十年前的照片，頗有深意。但是，當出版社看到這張照片時，大概覺得太舊了吧！不免好意加以修飾，改造成像新照片的樣子。當然這是他們的美意和熱心，但卻違反了登大師的「思古之幽情」。

於是又反反覆覆，改來改去……反正，最後封面上老師的照片，是比較舊一點的，好像有些回憶往事的韻味。

而今，多年後，再讀這本《禪海蠡測》，仔細讀，用心讀，發現中華傳統文化的精華，躍然於字裡行間。所以，這本禪宗的書，並不是一本普通禪宗的書。

令人驚歎的是，本書作者竟然是一個只有三十六歲的人，但卻在敘說著炎黃祖先的智慧和德業……回想自己的三十六歲，再想到千千萬萬人的三十六歲，我們何其有幸，能生在這個時代，能看到這本書……。

緊接著出版的，是本書的白話譯本，書名是《禪海蠡測語譯》，繁體字版在台灣九月中旬前發行上市，分為上下兩冊，因字體較大，每頁字數較少之故。其實在大陸，簡體字版已由東方出版社先行出版了。

在新書出版之際，回憶一年前，從打字，查資料，校對開始，最辛勞的，除了前面提到的幾個人外，另外還有在台灣的一個年輕朋友吳曉佩小姐，她平日工作忙碌，但卻在下班後，參與將原稿輸入電腦的工作。我常常想，若非大家的協助，這本書是無法出版的。此刻，除了感謝他們之外，不免想到「上報四重恩」中的眾生恩，人生在世，離不開眾人的幫忙，一個人是孤掌難鳴的。所以老師常說，要多結人緣，更要多結善緣。

二〇一四年九月一日

十一、秋風

「二八月亂穿衣」，這句話是說，在農曆的二月和八月，天氣不冷不熱，穿衣可厚可薄，這是外界的天候，對人們身體感覺的影響。

但是，外界的人和事，對人的影響是偏重心情方面的。今年八月中秋節前後，有些事還頗使人感覺不錯的。

首先是江西洞山的普利禪寺，在中秋節前二日（九月六日），舉行了復建落成典禮。這是禪門曹洞宗的祖庭所在地，在禪宗發展流行的過程中，曹洞宗是很興盛的一系，諸如日本、韓國，甚至嵩山少林寺，都是屬於曹洞宗的法脈。

二〇〇六年三月，南師懷瑾先生，特派古道師前往江西該區域，想對各祖庭的現況，加以了解。聽說只有普利禪寺尚未重修，仍保持大概的原狀。

古道師每日寫報告給南師，後來還集結報告出版，書名《禪之旅》。為了修復洞山禪師的祖庭，南師花了不少心力，原因無他，只希望祖庭重修成一個禪門學人修習用功的道場，不要弄成一個觀光之地。

修復工作艱困難言，歷經七年之久，現在終於告一段落，舉行落成典禮。參加典禮的有千人之眾，來自各方，盛況空前。洞山溪水依舊，山巒仍然，真正修學求證的行者，應該多一個可選擇的道場了。這是南師的希望。

說到禪宗，自五祖開始，改用《金剛經》印證學習的成果。古來禪門教化，禪堂不供佛，不唸佛，想必是要參禪的人，不被形象所困，要先解脫內心的枷鎖，而直趨無上之道吧！南師在講《金剛經》時，也是脫開宗教的立場而講的。

說到《金剛經》，剛巧國外友人來電，講到他七十多歲的祖父，曾讀《金剛經說甚麼》一書，後因眼疾無法繼續而耿耿於懷，但又念念不捨，家人隨即輪流每日唸給他聽，終於在他去世前讀完。聽其家人說，他是有所感悟的。

聽到這件事，正值皓月當空，我替這位老人高興，既有所感，必有所悟，人生最終有緣得此，一定是安然而去的。

告別人世而去，宇宙浩瀚無涯，去到哪裡啊？美國一位物理學家萊特曼（Alan Lightman）最近有一本新書出版，中文書名《偶然的宇宙》（The Accidental Universe），兩月前台灣有中文譯本了。這個物理學家也是文學家，在美國麻省理工學院教物理，也教小說創作。他多年前的一本書《愛因斯坦的夢》，是詩人周夢蝶送給我的。他的書，令科學人愛讀，也令不懂科技的人感動，很美妙。

在最近這本《偶然的宇宙》中，談到的有：偶然的宇宙，瞬息的宇宙，靈性的宇宙，龐然的宇宙，對稱的宇宙，合律的宇宙，和無形的宇宙。作者有一句話令人深思，他說：宇宙是我們永遠無法了解的。

現在的我們，就生活在一個無形的宇宙之中。他說，有一次與女兒和她友人外出晚餐，她們各有一個手機在桌上，每隔一兩分鐘，眼瞄一下，有時終止談話，查看信息……等等情況我不必多說。作者說了一句很妙的，又很無奈的話：「我們全成了網路上串流的百萬位元資料，言談與臉部表情，僅只是眾多頻道裡的兩個。」

這就是我們現在生存的無形宇宙，不知是該歡喜還是愁！應該說，有人歡喜有人愁吧。

二〇一四年九月十五日

十二、多字、少字與錯字

前不久，《禪海蠡測語譯》這本書，好不容易出版發行了，大家鬆了一口氣，正在高興之時，忽有讀者來消息稱，〈心物一元〉那一章中，有一句話翻譯錯了。當時嚇得我一身冷汗，因為我做這樁事是十分小心的，弄不清的地方，是問過老師的，如果我把意思了解錯了，難道南老師在審閱的時候也沒有看出來錯誤嗎？這一句錯的是：「創立了一心真如的生滅二門」，其中這個「的」字是不該有的。

這的確是個多餘的字，卻把意思弄錯了，本來把「的」字刪去就可以了，可是我心中大大的不安，這事太離譜了，究竟是誰的錯？雖是三十多年前的事，但也要弄個一清二白，才會避免再錯。

幸虧原稿尚在，仔細核對，發現一個狀況，就是〈心物一元〉和〈禪宗與理學〉等章，在南師修訂原稿後，大概太雜亂了，所以又重新抄錄了一遍。

再核對我寫的原稿，並沒有這個「的」字，而在抄錄時卻加了這個「的」字。

這個發現又嚇了我一身冷汗，因為出版前，在把稿子輸入電腦時，是用抄錄的稿子，而不是原稿。既然是抄錄的錯，也許不止一個錯，於是我就親自把全部抄稿，核對我所寫的原稿（南師修訂過的），一字一字對照下來，發現不止一個錯，另外還有好幾個。比如「自性」寫成「自然」，「光與聲均具自性」，寫成「均是自性」等。

是誰抄的稿子啊？回想南老師是在一九七七年閉關時審訂原稿的，於是我就去問古國治同學，因為南師當時是在二樓閉關，三樓是辦公室，四樓住有南一鵬和古國治二人，李淑君仍是早來晚歸的。

古國治看了抄寫筆跡，也認不出來是何許人，不過，他說，當時還有短期來幫忙的學生，其中還有一個人，偷了南老師所寫的一篇文章，是一篇有關雙修方面的文章。他是說弄丟了，當然老師也不許他再來了。

事情的過程到此，雖說是抄錄的錯誤，但是，在輸入電腦前，未將原稿與抄稿核對，卻是一個疏忽；又在書稿印刷前校對時，未能核對原稿，又是一個疏失。記得看到「自性」變成「自然」時，我還以為是老師改的，因為這個差別不大明顯。

總之，我們幾個人都為此慚愧不已，做事真不容易，任何一個環節出了問題，都是損傷，所以南師常常告誡我們，文字事要謹慎再謹慎，小心再小心。

現在先將改錯附於篇尾，請讀者先行更改自己的書，再版時再行另加校對更正，現在只能說抱歉，再抱歉，請讀者見諒了。

勘誤部分如下：

- 繁體版下冊156頁，簡體版287頁，「也是入於佛法及老莊」，應為「也是出入於佛法及老莊」。
- 繁體版下冊157頁，簡體版287頁，「因為見到宋朝理學所造成的紊亂現象，回頭重新走漢學的老路」，應為「因為見到宋明理學所造成的紊亂現象，回頭重新走向漢學的老路」。

・繁體版下冊166頁，簡體版293頁，「也是常以理學的學理來解釋佛理」，應為「也是常以儒學的學理來解釋佛理」。

・繁體版下冊200頁，簡體版314頁，「佛法是要想通（了）方法」，應為「佛法是要想盡（了）方法」。

・繁體版下冊203頁，簡體版316頁，「而是自然呈現的」，應為「而是自性呈現的」。

・繁體版下冊219頁，簡體版326頁，「均是自性」，應為「均具自性」。

・繁體版下冊232頁，簡體版334頁，「創立了一心真如的生滅二門」，應為「創立了一心真如生滅二門」。

二〇一四年十月一日

十三、兩週年漫談

光陰似箭，日月如梭，這句話是古人說的，也是小學老師告誡不用功學生的話。

但是，真正驚覺光陰似箭這檔子事，是在人老之後。人老了，一天一天的，一眨眼就天黑了；一年一年的，又像一天那樣的過去了。那一天，忽見皓月當空，秋高氣爽，原來老師離開這個花花世界已兩年了。

但是，老師身後還是霧裡看花一般；老師講過的《孟子》，仍有兩篇尚未出版；老師親自寫的有關《中庸》的書，也還沒有公諸於世……一時之間千言萬語，不知從何說起。

九月廿九日上午，廟港的老太廟，舉辦了老師逝世兩週年的紀念活動，同時舉辦「七都孝賢」表彰和頒獎。老師的三公子南一鵬，代表了家屬講話，由台灣來的陳定國教授，則代表老師的學生們致辭。

接著有宗性法師、查旭東書記、吳江區長沈國芳等，陸續致辭講話，再由七都張志明鎮長宣讀孝賢表彰，並由領導及嘉賓頒獎給八位孝賢人士，以表揚他們的孝行，以及對社會的貢獻。

必須一提的是，老太廟文化廣場計劃修建一個大講堂，這次也舉行了奠基揭牌典禮；另外南京大學在廟港成立的群學書院，也同時舉行開工儀式。

此次的太湖國學講壇，共邀請五位嘉賓講演。廿八日晚就開始了「百善孝為先」的講座，鎮長張志明及吳江副區長屠福其，致辭並介紹二位學者。先講的是南京大學社會學院周曉虹院長，他的講題是「網絡時代的代際關係與孝道」。其次是北京社科院國學研究中心的劉偉見主任，講的是「在現代生活中如何學習與體認孝」。

其餘三位受邀講演的學者，是在廿九日下午講演。首先由查書記及宣傳部周志芳部長致辭介紹，第一位是杜忠誥教授，講題是「儒家孝道與現代文明」。

接著是北京故宮博物院研究員兼圖書館副館長的向斯先生，所講的是

「清帝如何行孝」。

翟學偉教授也來自南京大學，他講的是「親情、人情與面子：中國人的孝道觀」。

此次國學講壇，是在亨通凱萊大酒店宴會廳舉行，聽眾有四百人之眾，反應熱烈。去年所舉辦的國學講壇，已將學者所講，編輯成冊，並已由上海書店印行出版。

記得是十幾年前，老師決定落腳廟港時，有地方人士問道：「先生為何選了我們這個地方？」老師回答說：「你不懂，我的學生們，百分之八十也不懂」。

老師的一生，在家鄉前後不超過二十年，在台灣卻居住了三十六年之久。在美國僅留居三年，香港十年，下餘的十幾年，是在太湖之濱度過的。日落太湖，人與地區，也像人與人那樣，都是緣分吧。

常有人問，老師為什麼沒有回故鄉？這個問題無人可回答，從前的禪宗馬祖大師，門下八十多位善知識，他是一位很了不起的大禪師，卻說了一句很妙的話，他說「得道不還鄉，還鄉道不香」。

古人也曾說過：「年老不還鄉，還鄉空斷腸」。但也有唐朝詩人說「未老莫還鄉，還鄉須斷腸」。人人都有不還鄉的原由，各自不同。

不久前有一個名人，拜訪過老師的故鄉，她回來後也說了一句話：「我現在知道老師為什麼不回故鄉了。」

二〇一四年十月十五日

十四、黑心油和黑心人

多彩多姿的花花世界，使人眼花撩亂，目瞪口呆，有時還真令人有手足無措的感覺呢！

就拿最近台灣頂新公司的黑心油事件來說吧，道理本來很簡單，這公司一年三次爆出問題油之事，可見政府的管理有毛病，也說明吃公家飯的人，一定有些是暗中幫忙黑心廠商的。有什麼辦法呢！平日拿了黑心商人的供養，拿人錢財，替人消災嘛！只好合夥坑害消費者了。

這件黑心油之事，在台灣沸沸揚揚，好不熱鬧，關心的人，加上媒體，各顯神通，不免掀出不少平常大家不知道的內幕。反正真假莫辨，各說各話。但是也像平常一樣，有表態的，有表演的，有表現的……總結一句，仍不外趁火打劫的，隔岸觀火的，幸災樂禍的，替人解套的，移罪他人的，充好漢拔刀相助的……只有消費者可憐，求救無門，一口氣嚥不下去，只能抵制，拒買黑心商人的貨，又被批評不顧黑心商家員工的生活，好像應該讓黑心商繼續營業賺錢才對……反正千錯萬錯都是消費者的錯……。

幸虧還有說良心話，公道話的人，真是句句珠璣，使人驚嘆社會上竟然還有不怕得罪有錢人的人。是不是喝醉了才吐真言呀！

其實，這些是是非非也是過眼雲煙，反正都會過去的，只有消費者，似乎永遠是輸家。古人不是說過嗎？「十有九輸天下事」，這句話應該改成「十買九冤食物事」才對。

說來說去都沒有什麼道理，只有中央社的一篇報導中，南山人壽的杜英宗先生說的話，很耐人尋味。

（台灣）中央社十月廿五日：「尹衍樑出現在頂新的記者會上，很多人懷疑其目的，甚至引發批評。杜英宗認為，尹衍樑很有錢了，不需要為了錢站台，台灣社會喜歡猜忌是不對的。」

杜先生的話是他個人觀點，有權如此說，只是最後一句，說「台灣社會喜歡猜忌是不對的」這句話，忽然使我想起南老師曾對大家說過的話。老師說：「對於金錢最沒有安全感的是有錢人」。老師還說了很多，意思是：錢越多的人越覺得不夠，有錢人最快樂的事就是賺錢，賺更多的錢，做生意為賺錢，做官也是為賺錢，甚至做善事也是為了賺錢。四川人俗話說：「錢錢錢命相連」，錢是命啊，一點不錯。

現在，看到杜先生說的幾句話，我開始懷疑南老師對一些有錢人的評論，是不是也歸類於台灣社會的猜忌呢？真令人迷糊。

再說句老實話吧！很多人信算命，六十年甲子金木水火土，有幾個人一生全走好運？古往今來，人的一生多半只有一段時間是好運，或十年或二十年、三十年、四十年。所以古人早說過「眼看他起高樓，眼看他樓垮了」。

至於那些樓不垮的人，可能是在好運時，不做昧心之事，不賺黑心之錢，或隨緣行善，可能減禍。像歷史上的有錢人石崇，還有和珅，不都是富可敵國嗎！結果呢？南老師常說，是非說不清，但一定有因果。

有一個心理醫生曾對一個病人，一個追求金錢的有錢病人說：你賺錢的過程中，是不是損人利己，造了多少惡業，你反省過沒有？

這個心理醫生不像醫生，可能是牧師或哲學家轉業的吧！

二〇一四年十一月一日

十五、談衣裝

說到衣裝，本不算什麼大事，人人都穿衣吃飯，可是，衣服穿得美觀、大方、得體，那可是一門大學問。穿衣鬧笑話的大有人在，早年台灣有官太太，到了美國看見晨袍漂亮，穿上參加人家的晚宴。台灣菜市場，也會看見穿夜禮服買菜的主婦，因為是便宜買來的歌星舊衣。這些都是人們茶餘酒後的笑料。

六十年代的美國甘迺迪總統，他的夫人很懂衣裝，在一次典禮上穿了一件粉紅色A型洋裝，剪裁簡單而高雅，極受讚揚，認為她有文化，又有藝術修養。

另有一位很會穿著的女士，是英國的辛普森公爵夫人。公爵原是那位不愛江山愛美人的國王（現任英女王的伯父），退位娶了這個並不太美的女士（據內幕消息，他的退位是不得已的）。

這位夫人的衣著，是出名的有品味，有美感，也有格調。現在，這些都已成為往事只堪回味了。

當然，這些只是個人的表現，所代表的，也只是個人的文化修養而已。但是，在任何國際性的聚會場合，服裝所代表的，不僅是個人，也是民族文化的呈現。

前幾天北京舉辦APEC，這是亞洲國際的年度大事，今年中國是東道主。中國地大物博，人口眾多，建築雄偉，應該算是名符其實的泱泱大國吧！世界上的大國很多，但，是不是泱泱，就不一定了。

所謂的泱泱大國，以我淺薄的了解，應該是有文化的大國家。不過，說到文化，那就麻煩很大了。如果根據南師懷瑾先生所講，一切政治、經濟、軍事、教育、社會，乃至衣食住行，言談舉止，都是包括在內的，文化只是一個總稱罷了。

所以「衣冠文物」，就是代表一個民族國家的生活文化。

APEC在各國舉辦時，都有各該國的特製服裝，統一亮相，一方面突顯各主辦國的文化特點，一方面表達了各國間友情和諧之意。

十日晚電視新聞播送畫面，看到各國領導代表，穿了東道主中國製作的服裝，男士們的上衣，看起來倒也大方雅緻，雖是遠觀，也略可感覺質料定屬上乘；作工必定精細，因為這是我們中華工藝的優良悠久傳統。整體看來，令人也有莊重之感。

比起十三年前，在上海會上的大圓花的上衣，雖屬中國習俗衣裝，有人認為，不免有些俗而欠雅的味道。尤其是前面的七個扣子，那是區別傭工茶房的作法。好在現在是一律平等，沒有貴賤之分。但，雅不是俗，俗也不是雅，在重要場合，雅俗很難共賞。

《中庸》有言，「齊明盛服」，指祭祀時，必齋戒沐浴，服裝合禮以示尊重。國際會場也是正式的場合，服裝不能例外。

服裝在不同時空，也是很有區別的，現在潮流時尚，講求服裝設計，但少數是優秀的，多數是抄來抄去的，有些抄得不錯，有些流於低俗，有些譁眾取寵……設計師各領風騷一時，或一季不等。

至於設計代表國家的國服，那個問題更不簡單了，必須對自己國家的歷史文化有些了解才行。中華民族在以往各朝代，都有自己的服裝，現在人們常穿的長袍，就是清朝的服裝；而日本的「和服」，則是三國時代吳國的衣服，「吳」服到日本改稱「和」服了。

民國時流行中山裝，有感謝孫中山推翻清朝帝制之意吧！

現在的炎黃子孫，不但五族共和，還加上很多少數民族，融合共處。所以中華民族的五千年歷史文化，大大不同於任何其他的國家，如果想要設計出有代表性的國家服裝，恐怕先要對自己的歷史文化進行了解吧！這件事可不是東抄西抄可以解決的問題。

不過，熱心人很多，優秀的設計人才也很多，早晚一定會有圓滿的設計，呈現給中華兒女的，讓我們拭目以待吧。

二〇一四年十一月十五日

十六、謙恭有信的人

有一個人，算是老朋友吧！多年前他就知道南師懷瑾先生了，但並未謀面，因為他不屬於粉絲之類的。

前幾天他忽然打電話來說：「你們這個南懷瑾老師啊，我現在發現，他是一個最謙恭有信的人，我活了八九十歲，見過的人，聽見過的人，也不算少了，只有他，真是世上難找。」

聽了他的話，一時之間，還真有點五里霧中。因為一般人，一提到南老師，要嘛是仰慕，想拜見，要合影；至於見過面的，有些標榜是老師的入室弟子，有些說老師交代了任務，有些則由徒子徒孫宣傳為接棒人……形形色色，十分熱鬧有趣。當然批評老師的，甚至罵老師的人也不少。

現在，忽然有人從另外角度評論老師，難免使人感覺特別。

老師曾說過，年老的人都成精成怪了。因為人生經過的事太多了，看人看太多了，當然就不再天真幼稚。有時聽到那人一句話，或看到他所做的一樁事，就對那人的人品格調，心中有數了。

世界上的人，從待人接物方面講，作風各式各樣。有人自卑，有人自謙，有人自大，有人自信，有人自傲，有人狂妄……總之，林林總總，如果是心理學家分析起來，種類繁多，十分有趣。但是，南師懷瑾先生分析起來，更為特殊，卻很巧妙。

有一次，那是多年前在台灣，有一個人，對別人說話非常傲慢無禮，那個「別人」心中不爽，就來稟告老師。老師卻說，那人不是傲慢無禮，而是自卑心的原故。

老師這個話，當時大家都認為，是安慰那個心中不爽的同學。但是，後來又有不少次，老師把人的自大、自傲，也解釋為自卑心的作用。反正，照老師的說法，很多自大、自傲、自吹等等的負面表現，基本上都是因為心中無物，頭腦空空，而無自信，才下意識的，表現在相反的方面。

所以，老師叫同學們不必介意，如能進一步同情這人的無知的話，自然就心平氣和了。

其實，當時的年輕人，聽到老師如此說，也只好馬馬虎虎算了。

有趣的是，老師知道年輕同學們心中未必釋懷，有一次則更進一步說：一個有才有德的人，一定是謙謙君子，不可能自大自傲，更不會借他人的名氣吹捧自己。就像我們這些炎黃子孫吧，自己什麼都不是，什麼貢獻都沒有，還想要別人讚美！別人讚美的是我們祖先的成就，敬仰的是你家的先人，不是你，你能不令祖先蒙羞就不錯了，年輕人要努力啊，先要知道謙恭，謙恭也是自重，自重則人重。

當時許多年輕學子們，聽了老師的這些話，心中難免認為都是老生常談而已，自己並無任何感悟。當時的我，慚愧啊！雖不是年輕人，但心中也覺得是老生常談。

難怪有一個沈君，幾年前問老師，為什麼要如何如何？老師說：「你到了我這個年歲才會明白」，意思是說，現在說了你也不懂。

現在我這個老朋友，快九十歲了才發現，老師是一個謙恭有信的人，一個世上難找的人。有人說，真正謙恭的人，世上並不多見，一般看到的謙恭，只是表面上的禮貌，不是內心的真實修養。有時一不小心，大家還會把拍馬屁的言行，當成謙恭有禮呢。

再說這個信字，人們常說的誠信二字，有人認為就是一個意思。因為有誠才有信，有信必定誠，所以誠必信，信必誠。不管怎麼說吧，南老師一生為保衛民族文化而戰，六十年來，著書立說，講遍了民族文化儒釋道三家的精華，這，應該算是世上難找吧！

二〇一四年十二月一日

十七、不學有術

孟子在〈萬章〉篇中，說到四種類型的人物，伯夷、伊尹、柳下惠、孔子。這四類人，作風各自不同，但都是有品有德的有學之士，都是沒有私心的君子之人。

有人另有分類，把人大致分為四類，並以君子、小人、普通人加以區別如下：

一是「有學有術」，屬於能幹型的，也是君子，有方便法門做事。

二是「有學無術」，屬於有學養有品德，但做事不圓融，也屬於君子之列。

三是「不學無術」，此類人普通較多，因為無術，也不致太糟。

四是「不學有術」，這種人沒什麼品德的修養，聰明法門很多，容易走入歪路。

「不學有術」這句話，第一次是聽到南老師說的，當時聽到這句話，還真有點吃驚。起因是多年前有一個人，很熱情的向南老師提議合作，共同推廣文化事業。但老師卻很客氣的託辭婉拒了。

事後我問老師，為什麼拒絕呢？老師說，那是一個不學有術的人，不敢與他共事。

最近台灣九合一選舉之後，國民黨灰頭土臉，於是就有人評論台灣的政治人物。說到了馬英九，雖是仁義禮智信的學養，卻不通人情世故，墨守法律條文。當選之後，為了一律平等，被人批評為討好民進黨；取消退休公教人員的年終津貼，對老兵而言，等於「奪飢人之食」。弄得藍營的鐵桿粉絲都不願投票了。結果民進黨意外大勝，國民黨裡的元老，多數都被馬得罪了，以致無人支持國民黨……所以馬英九應列入「有學無術」與「不學無術」之間。

有人說，真正「不學有術」的人，眾人認為就是陳水扁了。他步步高昇坐上領導的寶座之後，夫妻二人開始搜括錢財，在位時的奢侈行徑，完全是一副小人得志的暴發戶嘴臉。也有人說，他只是利用民進黨罷了，哪裡有什麼為國為民的政治理想；而民進黨的人士，還吵著鬧著希望小馬特赦陳水扁出獄。他如果真能出獄，恐怕受害的反而是民進黨了，他有的是錢，看怎麼耍弄你們吧！

說到這裡不免想到民選制度的問題，真叫一言難盡。自從美國向世界推行民主選舉之後，記得是一九六五年，一個澳大利亞的專家，就說了一句很妙的話。他說：「事實證明民主是不可以外銷的」。意思是你美國發明的民主，只適合你美國，不必推銷給他國，其他各國文化背景並不適合。

也有人說，現在的選舉，常常變成藝人表演，大眾是盲目的，看誰會說會吹牛，長得俊美，就選誰，並不是選賢與能。賢能之士如果拙於言辭，長得不漂亮，只得名落孫山了，結果選出來的，就算不是繡花枕頭，也是難以擔當重任的人。

孔孟為什麼總是讚揚堯舜呢？因為堯舜時代天下太平，他們是有能力的領袖，也是從基層工作一步一步磨練上來的，有能力才能磨上來，擔當重任。

許多人認為，由選舉而勝的馬英九，能力頂多當一個部長，最高領導的位子，非他能力所及，不免就捉襟見肘了。也可以說，弄成這個結局，他也算是選舉制度的受害人了。

再看新選上的台北市長柯文哲醫生，是以壓倒性的高票當選的。他本是一個優秀的醫生，現在選上從政，可能對政治這一門，經驗不多，選上之後就說了一些招人批評的話，以致有人用「柯政猛於虎」的話消遣他。可能他忘記古聖先賢們曾說過的「為政不在多言」這句話吧。難怪年長的人常提醒年輕人，「言多必失」。喜歡放言高論的人注意了，說話小心啊！

寫到這裡，想起南老師常對年輕同學說的：「術」是以「德」為基礎的，沒有道德基礎的技術和法門，就是「不學有術」，那比「不學無術」還要糟，那也就是佛家所說的：「邪人用正法，正法也是邪。」

二〇一四年十二月十五日

十八、六尺巷

台灣有一種職業，叫作代書，這是日據時代就有的。代書的主要工作，是辦理土地房屋之類的登記或過戶事宜。對於這一類的法律條文，代書們十分精通，代書做事規矩，收費也很合理，所以一直服務社會至今。

有些退休的代書，身體仍很健康，在家閒著沒事，就去法院的接待大廳作義工，幫忙一些不知如何寫狀子的老弱農工，代他們寫訴狀。

這些有經驗的代書們，對一般的法律也很熟悉，有時遇到想打官司的雙方，同時都來了，代書也常常充當調人，調解雙方的爭執，使他們和解了事。當然這些只是涉及雞毛蒜皮的小事，多半因為嚥不下這口氣，才要來打官司的。

如果代書調解成功，雙方也會請代書吃飯喝酒，或致送一點謝金。大家能歡喜圓滿告終，也省掉很多財力物力和時間，所以化解爭訟，對社會也是很有貢獻的。

據說有些律師和法官，也喜歡充當調人；還聽說，有一個法官，一年調解成功了十幾個案件，使雙方放棄訴訟，真是功德無量。

早年在台灣認識一個代書，後來他也在法院大廳作義工，有一次一個人要打官司，他就勸他和解，以免勞民傷財，告朋友也不好看。他說當時自己一時的靈感，忽然想到中學時老師講過的那個六尺巷的故事（大家可能都知道）。

故事是說，一個京城作大官的，接家人來信，說鄰居院牆占了自己家的地，要大官設法對付鄰居。大官寫的回信是一首詩：

千里修書為道牆　讓他三尺又何妨
萬里長城今猶在　不見當年秦始皇

家人接函，立刻讓出三尺寬土地，而鄰居也表示慷慨，也讓出三尺，成了一條六尺寬的巷道。當然，這個歷史故事是讚美謙讓美德的。

有趣的是，我認識的這位代書，好意勸那人息事寧人，還唸了這首詩給那人聽。豈知那人卻對他說：我要告他的，不是土地和金錢的事。請問，如果你的兒子被你朋友偷走了，他又把犯的罪掛在你先人的名下，你如何退讓三尺？

代書聽了大吃一驚，原來內幕這樣複雜，只怪自己未弄清真相，於是馬上改口說，這事要找一個正派的好律師才行。但又不免好奇的問這人：你為什麼不報警啊？

這人說，偷我兒子的人，平常結交很廣，用過他錢的人很多，反而替他幫忙，我迫不得已只好告他，現在不是行政不許干涉司法嗎？

令人驚訝的是，這人還對代書說，像秦始皇那麼厲害的人，死後不是也被趙高陷害嗎？人心難測啊，趙高是早有居心設套的。

說到打官司，我也有幾次經驗，一次是在美國，我本想息事寧人，吃點虧算了，是一個律師打抱不平，替我打勝了。另一次在台灣被誣告，我請了律師，一審反而輸了。上訴時不請律師，我自己辯護，結果反敗為勝。所以古人說過的，「有理走遍天下，無理寸步難行。」只要有理，不怕上法庭，就算法官受壓力判壞人勝訴，在過程中，也會揭露真相，世上鄉愿之人雖多，到底還有不少明白人，內情也可小白於天下。

所以，法院、法官、律師，都極為複雜，再加上金錢的作用，人事的影響，太麻煩了，若非得已，頂好一生都不必去法院。

二〇一五年一月一日

十九、身後事

二〇一五年到了，又是新的一年開始。回顧過去的一年，多少是是非非，恩恩怨怨，甚至喜樂哀愁，都已成為歷史，或化為點滴，或變成泡沫，或隨風而去……總之，都過去了。

但是，仍有尚未過去的事，還要繼續忙，趕快忙的，就是　南師懷瑾先生的年譜。

說到先生的年譜，真是一件不小的工程。先生九十五年的歲月，除學養涉及諸多領域外，教化遍及國內外，著作流傳世界，影響無所不在。這樣一個生命旅程，真是太豐富了。所以，對於資料的收集、整理、核對，大家已經整整忙了兩年，而年譜也差不多是一本書那麼厚了。

可是，即將公布的，還只是一個簡單的年譜，因為資料中仍有一些需要仔細核實的部分。將來全部整理完備的年譜，是較詳細的大事記，包括人物和人事，以供參考和研究。

因為年譜之事，不免驚覺到先生辭世已兩年多了，廬墓三年之期即將屆滿，而先生身後靈骨究將歸於何處，更是太多人所關心之事。熱心的各方，或寺院，或團體，或地方，皆以誠敬的情懷，盼能建塔供奉，以彰顯先生一生德業教化，流傳後世而不綴。

惟先生在時，曾屢屢告誡，人生在世，凡有所舉措，必先考慮其負面影響，以免造成好心得惡果，或無心得惡報之事。

先生一生行止作為，除終身孜孜於個人學養外，皆為文化，為教化，忙碌奔波奉獻。蓋因生值文化衰退之際，故而終其一生，為力挽狂瀾而奮鬥不懈，並有「為保衛民族文化而戰」之壯語。

再者，先生雖生逢變局，但嚴守炎黃子孫之傳承，始終以兩岸同為手足而竭盡全力，更為兩岸的和平而努力奔走。

故而，有關先生遺骨舍利何處為歸之事，也許首當念及先生之心願。如能海葬於台灣海峽，一則符合先生為兩岸和平而努力的心願；二則紀念先生對兩岸同胞的孺慕之情；三則符合先生身後不給人添麻煩的心意。更重要的是，避免炒作、買賣、假冒舍利的紊亂現象發生。

其實，有關遺骨或舍利保存問題，先生是持反面態度的，在致通永老和尚的回函中，已經表達得很明白了。

說到這裡，忽然想起弘一法師所說的一句話，發人深省。當有人供養他，說為買香供佛之用時，他拒絕了，並說：「我以心香供佛」。其實，世上一切對古聖先賢，或偉人的尊敬和供奉，只是自己誠敬的心而已。

另外，有關各方擬建塔紀念先生之善意，因先生並非方外人士，建塔紀念之事，與文化傳統是否相符，亦各有不同見解。況且，先生學術教化，並不局限於佛法一處。

至於塑像以表敬仰之舉，本皆高尚理想，惟多年前在台灣，先生已反對此等紀念方式。由於世事多變，塑像曾有被污辱丟棄如垃圾糞土之事發生，雖名人偉人亦不可免。況此事勞民傷財，除非另有所圖，實大可不必。

所以，不建塔，不塑像，不留遺骨，是先生平日所示，眾人皆知；而不結黨，不聚眾，不組學派，更是先生一生所遵循的入世行事原則。

從學先生或私淑先生的學子們，如非另有所謀，相信皆能遵循先生的教化，各自努力，以身作則，帶動社會善良風氣，以發揚先生的教化。

以上所言，只是個人淺見，先生身後大事，各方皆尊重先生家屬子女之意願，安排必定圓滿。

二〇一五年一月十五日

二十、生活和環境

前幾天在電視上看到，好像是衛生健康方面的節目，訪問許多老人，其中有一個一百零五歲的老先生。他的體態活動，看起來只像七十來歲的人，回答問題也很請楚，說明他的思維仍運作得很好。

這個老人自己種菜，自己做飯給自己吃，當問到他每日飲食時，有一句話，引起人特別的注意。他說，每週吃一次肉，平常吃素菜，而且，每天要吃五斤蔬菜。就是這個五斤蔬菜的問題，引起我的注意。

大家都記得道家的那句話吧？「若要長生，肚裡常空；若要不死，腸裡無屎」。可見長生不老的健康之道，基本上是要能做到腸胃乾淨，沒有積食存留；當然也就是飲食要節制，排泄要澈底通暢。

俗話也說：「若要小兒安，常帶三分饑與寒」。換言之，小孩子的病，多半是吃太飽，穿太暖，他們都是溫室的花朵，一點抵抗力都沒有。

先說老人吧！老人普通的毛病是排泄不暢。其實一般人的問題也都是吃進去的多，排出來的少，大大違反了腸中常空的原則。日久積存在腸子裡的廢物，所產生的毒素，不斷被血液吸收，請問！能不生病嗎？雖然有甘油球一類的治標方法，但通出來的只是一小部分而已。

所以說，一般老人，由於活動少，五臟六腑氣血流通不暢，必定會有排泄困難的情況發生。

現在這位一百零五歲的老人，不但有活動（種菜），每天還會吃五斤的蔬菜。蔬菜纖維多，幫助排泄，所以他一定是腸中常空的。而一般老人多因牙齒不好，很多人就不吃蔬菜了。那些孝順的兒女們，大概也想不到把菜煮爛或切碎以解決問題。反正人們只管吃什麼，不管拉什麼。其實，維持生命主要的，不就是「吃喝拉撒」這件事嗎？

記得前幾年（老師尚在），有一天在辦公室，我說到一九七二年時，南老師在講「道家與中醫」的課堂上，曾說到一個古方，是對治老人便秘的藥方，名叫「半硫丸」。那天老師聽到我提起這個藥，立刻吩咐宏忍師電話購買以充實藥品。可惜，此藥因銷量少，各廠家早已停產了。這個半硫丸一方面有促泄的作用，一方面又提升陽氣，因為老人陽氣本已不足，不能用普通的瀉藥，以免陽氣下行，有時會導致老人虛脫，十分危險。

家家都有老人，如沒有老人，大概自己就是老人了，或者是個半老人。及早注意這個腸中常空的問題，對自己的健康和生活品質，是有很多助益的。

關於飲食，中國人浪費太多了，為此之故，電視上常看到公益廣告，要大家減少浪費食物。不過，有一句廣告辭，雖然立意很好，但令人不敢苟同。那句話是：盤中不要留剩菜。這句話似乎有本末倒置之嫌。

盤中有剩菜，原因是安排的菜過量，大家吃飽後才會仍有剩餘，所以應該勸人少點些菜才是。現在卻勸人不要留菜，好像是勸人要把菜吃光的意思。請問！已吃飽了，吃夠了，為了不留剩菜，還要吃下去嗎？弄得腸胃不適，還要看病吃藥，豈非更加浪費！如果是請客，菜太多了，不如把所餘的帶回家就是了。

其實人的健康，除了「吃喝拉撒」之外，環境的因素也很重要。那位一百多歲的老人，住在較偏遠的地區，空氣一定較少污染，生活步調也比較輕鬆，這種環境，對人的精神和情緒，都會有穩定的作用。

說到這裡，想到昨天買的東西中，墊有一張報紙，是一月十五日的《吳江日報》。我從來不知道吳江還有報紙，真是孤陋寡聞，不免瀏覽一番，可惜字太小了。不過大略可知，七都廟港這兩年來，城鎮面貌脫胎換骨，空氣水源也減少污染了，最近廟港的馬路已全部翻修，路燈又明亮，沿路又添設分類垃圾桶，儼然由社區躍升為城鎮了，原來是地方政府有計劃的努力改造之故。更令人高興的，是對未來的計劃，說是要用文化延伸未來。

文化是屬於識食的一類，所謂識食，就是精神的食糧。一個人，不論多有財富，如沒有文化的陶冶，沒有精神食糧，那真是太可憐了。所以，能夠生活在注重文化的環境，真是福氣啊。

二〇一五年二月一日

二十一、那本書的事

二〇〇九年的冬季，有一天，下午六點鐘，南師懷瑾先生的餐桌上，出現一位來客，是先生的熟人。當時的我，也是餐桌上的一個食客，另外還有五六個人。

閒話之間，先生突然問這個客人：「我的新書《我說參同契》出版了，你看到沒有？」

這位客人連忙回答說：「看到了，看到了，大家都說，這本書一出來，老師的地位就確定了。」

先生聽了他的話，大為不解，不免好奇的問他，「這話是什麼意思？」

這位客人講了一大篇，大意是說，原先大家看老師的書，總以為老師是一個禪宗大師，是一個佛法方面的高人，現在看到老師這本《參同契》的書，才發現，老師是一個通人，一個深入中華傳統文化的通人，是學問通達各方面的通人。

先生聽完他說的話，只淺淺一笑說：「原來是這樣啊！」

但是，這雙方一來一往的對話，卻使我想起一段往事，與這本書有關的往事。

記得那是一九八三年的一天，在先生辦公室。聽說下個月要講《參同契》了，我就問，是道家那本《參同契》嗎？

先生立刻很嚴肅的說：你們都以為《參同契》只是道家的書，其實這是一本包括很多家學術學問的書，是中國文化中非常重要的一部書。

聽到先生這麼說，大家當然都不說話了，反正大家都不懂，大概大家也少有人看過這本書，至少我沒有看過。

三十年了，前塵往事記憶猶新，而這本《我說參同契》，也已經出版五年了。在這五年的時光裡，消息最多的是自我修學的行者，他們由本書得益得助，解決不少修持方面個人的問題。因為書中的對治法門，先生講解得十分透澈。

也有些對《易經》卦象不太熟悉的讀者，看不懂的不管，只看先生的講解，收穫也很多，反而對《易經》有了興趣。難怪有高人曾說，儒釋道三家，互通互補，在最高處是一家，所以說，中華傳統文化，博大精深。

在此書重新校訂出版之際，意外看到杜老師在書中的眉註、解記、領悟和讚歎，令人感觸極深。讀書如此認真深入，正如儒家所謂慎思、明辨、篤行者，實不多見。

常有人說，讀老師的書，這處不懂，那裡不明，老師也常回答說：「多讀幾遍自然多明白一些，或者改看其他相關的書，也可能忽然領悟。」

說來說去，不外乎多讀之，深思之……。

二〇一五年二月十五日

二十二、春節閒話

糊里糊塗又過年了，從前盼好久才會過年，現在一眨眼又過年了。不過，今年這個年太有意思了，不知道為什麼，好像大半個世界都為我們這個中國年忙著。

先是羊年這個羊，弄得洋人鬧不清是綿羊還是山羊，或是別的什麼羊。可見中國老祖宗比較聰明，造字造得靈活，羊就是羊，不管山羊綿羊，反正都是羊。

說到過年，不免想起返鄉的事，前兩年的摩托結隊回鄉之壯舉，真是驚天地泣鬼神，也是只可能發生在中國這片土地上的。其中包含了數不完的情，說不盡的愛，無休止的連綿不斷的孝與敬，忠與勇，這就是我們中華兒女……

今年好像鐵路營運安排改進很多，解決了不少返鄉的交通問題，遊子返鄉不必那麼辛苦了。轉身再來看春節出國旅遊的轟轟烈烈大排場吧。

因為全世界都有中國遊客，不絕於途，「人多好辦事」這句話，太靈驗了。當然人多花錢也多，中國遊客勇敢的到各國花錢。錢是最受歡迎的，雖然遊客中仍有一些禮貌差，教養無的土豪作風之類的人，但洋鬼子看在錢的份上，照樣捏著鼻子收錢不誤。

記得在我小的時候，中國人被洋人稱為東亞病夫，也有心地仁慈的外國人，稱中國是睡獅，不是病夫。這睡著的獅子一旦醒來，那可是嚇死人的。現在這個睡獅聲名遠揚，醒了沒有呢？大概將醒未醒先打個哈欠吧！

於是有個人說，「孔夫子要走大運了」，此話令人費解，但這位老兄卻大發議論。他說，就因為孔夫子說的那句話，現在世界上有人檢討起來了。

這話說的更奇怪了，大家都瞪眼望他，等待他的高論。

他說：近十幾年來，世界上各國亂得離譜，相互慢性隱性殘殺，中東、烏克蘭等等的局勢，更有引起大戰的危險。弄成這樣的近因，就是美國對九一一世貿大樓被攻擊事件，反應過度，不問青紅皂白開始亂找敵人，亂打一通，當然引起反制，反制是在暗處，像游擊隊……

有人不耐煩，問他，你說的這些，大家都知道，你只說這跟孔夫子到底又啥關係？他說：你們看美國出兵阿富汗，在中東折騰了十幾年，不久前，法國的《查理周刊》，取笑其它宗教的教主，西方他處，也有類似情況。他們難道不知道宗教是組織，是信仰嗎？侮辱他家教主，可不是鬧著玩的，結果白白犧牲生命，鬧得社會不安。歸根結底，都是因為不聽孔子所說的，「己所不欲，勿施於人」這句話。這話雖是老生常談，但這就是我們老祖宗教我們的為人之道，所以中國從不侵略他國。自古以來，都是友待鄰邦他國，要打架也只是自家的兄弟在自己家裡打。

尤其是宗教界，在我們的歷史上，雖有佛教和道教之爭，但只是吹噓自己的偉大，標榜自身而已，雖有批評，但並不去糟蹋別的宗教，仍算是守著己不欲，不施人的原則。

所以，這位老兄很嚴肅的說，現在好啦，國際上的有識之士，在討論反省，認為，應該聽從孔夫子的教導，天下就不會這麼亂了。所以說，孔子要走運了。

其實，不談國際間如何相對待，就說人與人之間吧！我們常常看別人不順眼，聽別人講的也常有錯；孰不知，別人看我們也可能不順眼，我們也不是聖人，也常會有錯。所以何必挑剔他人，挖苦他人，笑話他人呢？

被取笑，被罵的人，多數人並不回應，反而使挖苦人者臉上無光，自討無趣。記得南師在時，罵他批評他的人不少，但南師並不回應，因為他太忙了，正事還做不完，哪管這些閒事。況且，原諒是美德，多反省自己才是，我們也常被人原諒啊！

「夫子之道無他，忠恕而已矣」，這是《論語》上曾子說的話。

二〇一五年三月一日

二十三、《話說中庸》與維摩精舍

一九九八年，南師懷瑾先生寓於香港時，撰寫這本《話說中庸》。也像寫《原本大學微言》一樣，先生每日深夜寫千餘字，次日再由宏忍師打字，其間往復修改三數次之多，才告完稿。

這本書稿，本擬繼《原本大學微言》之後，即行出版，但是陰錯陽差的人事變遷，以及內外其他因素，這本書稿卻未能及時出版，一拖就是十幾年至今。

二〇〇八年，先生交代囑咐，先將蔡策先生記錄的《孟子》所餘各篇，編輯整理出版，然後再行出版《話說中庸》這本書。

奈何《孟子》最後三篇尚未及出版，先生卻意外的悄然離世而去。

現在，二〇一五年的三月，這本書經過了十幾年的風風雨雨，終於出版了，是由先生繼承人所成立的「南懷瑾文化公司」，在台灣出版的繁體字版

（按：大陸東方出版了簡體字版）。

更重要的是，經過兩年多的資料收集和整理，先生的年譜已初步完成，並附於《話說中庸》一書之後。

《中庸》原為《禮記》中之一篇，為子思所著，他是孔子的孫子，也是孔子大弟子曾子的學生。曾子著有《大學》，與子思所著《中庸》，都是傳承孔子一系儒家學問心法的大作。再加上《孟子》和孔門《論語》，合為四書，為中華傳統文化的重要典籍。

《話說中庸》這本書，是南師懷瑾先生講解的《中庸》，此書的出版，完成了二〇〇八年先生所交囑的工作。由於先生對《中庸》一書的認真與重視，不免想及先生常提到的「先師袁公煥仙先生」，他也是對《中庸》很重視的，並有大作《中庸勝唱》，收錄於《維摩精舍叢書》之中，內容或以《中庸》說禪，或以禪說《中庸》，甚為精彩。可見禪宗悟道大德，多半先於儒學有得，而後習禪自然易成。

袁公煥仙大師，係於一九六六年辭世，南師設教太湖之濱後，於二〇〇九年，為移袁公靈骨返回鹽亭鄉里，特囑設計名家登琨艷先生，設計靈骨塔；並託宗性法師統籌辦理全部修建與移靈工作，於二〇一一年一切圓滿完成。南師在給宗性法師謝函中說：「法師真信人也，在儒而言，有受人之託，忠人之事之德；在菩薩行而言，則有言行利他之道也。」

三月二日，袁公煥仙大師的後裔袁淑平女士，在成都寓所平安辭世，享年九十三歲。淑平女士家學淵源，一生致力教育工作，並有著作問世。在《維摩精舍叢書》中記載：「淑平女公子回成都修破瓦法，頂開，以書來，先生曰：噫嘻」，可見淑平女士亦非平凡之輩。維摩精舍一系，百年來閃耀光芒，那是中華文化之光，也是蓉城之光。

寫到這裡，忽然想到成都三義廟，那是一九四二年維摩精舍成立後的所在地。奇妙的是，早在兩年前的一九四〇年，我曾前往三義廟拜訪謝无量先生，也就是為《維摩精舍叢書》題字的謝无量先生。想不到二十九年後在台灣，才得識南師，才看到《維摩精舍叢書》這本書。

回憶以往，不禁深感世事多變，一切因緣聚散，真是不可思，不可說呀。

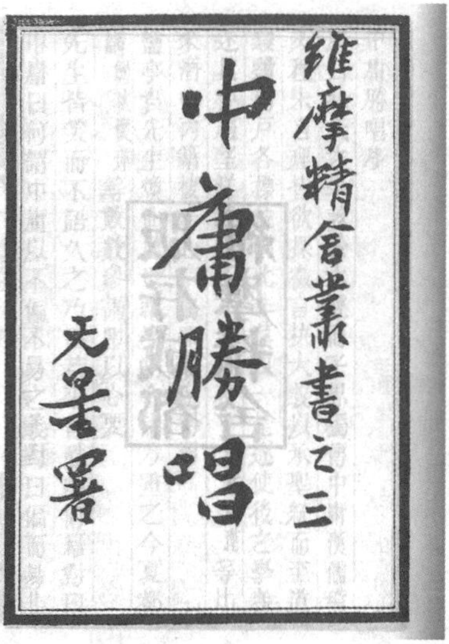

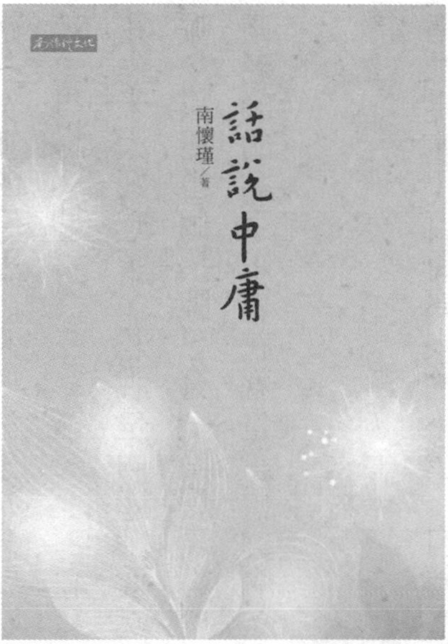

二〇一五年三月十五日

二十四、唐僧肉

只要是識字的炎黃子孫，一定看過《西遊記》，如果沒有看過《西遊記》，一定看過《西遊記》的電視連續劇，所以一定都知道唐僧西天取經這碼子事；更會知道過程中遭遇的九九八十一難。這些災難的原因，大多都是妖怪要吃唐僧肉，認為吃了唐僧肉，可以長生不老，可以成仙。

那一天，有個人跑來說，你們炒的花生米太好吃了，聽說是南老師愛吃的那種，你們為什麼不做花生米的生意呢？只要掛個招牌，寫「南懷瑾御用花生米」，一定就會大發利市了。因為南老師的名字，現在就是唐僧肉啊，人人都想吃。

哎呀！唐僧肉！這話令人大吃一驚。

其實，如此形容也不無道理。自從南師走後，自封傳人的不少，自稱接班人的更不少；接著就是出版界和作家們了。於是，南懷瑾這樣，南懷瑾那樣，南懷瑾這麼說，南懷瑾那麼說……各式各樣的書和文，琳瑯滿目，令人眼花撩亂，頭皮發麻……

當然啦！這本來就是自然現象，沒啥希奇。在這芸芸叢叢的標著南師名字的書籍中，也有精彩篇章，也有少數尚能克守文化底線，不太離譜的；有些作品則令人想到綜藝節目，甚至花邊新聞，因為內容真假莫辨，或真中有假，或假中有真。

現在標著南懷瑾三字各種多樣的書籍，充斥兩岸三地，好不熱鬧人也。當然有人出名，有人得利，聽說有人還大撈一筆呢。

這也說明一個現象，南師的影響層面實在太廣了；從另一角度來看，這也不錯，是替老師做了廣告。反正天下事有弊必有利；有利必有弊，沒有絕對的好壞。南老師常說：沒有是非，只有因果；也有人說，因果就是是非的顯現，否則為什麼說善有善報，惡有惡報呢！

這類書，有些內容一半是轉載他書的文章，只是稍加修改而已，內容是馬似騾，唬弄讀者。按出版老規矩來說，這是炒冷飯，不新鮮的意思；或稱為一魚兩吃，也就是一稿兩投，目的有為名為利之嫌。

另有些「南懷瑾如何如何」的書文，是從南師著作中摘錄一句或一節，再加解釋發揮。有些發揮得好，另有些則是隔靴搔癢，偏離了原意。這類的書，在南師生前已很茂盛了。不過，南師從來就不認可這種作法，因為除非是學術討論，否則多半流入斷章取義。

有人說，南師學養通達超過百家，如果自己學養功力夠深夠厚，也許可以摘錄而發揮，否則難免與原意造成偏差，所以說不可取。

對啦，幾個月前有一本書轉載拙著，編輯是張耀偉博士，介紹我是老古總編輯，正如我早在《東拉西扯》中提到的，南師辭世不久，我就辭去了老古的義務編輯工作，張先生不是博士嗎？想不到搞出這種烏龍。

日昨翻閱《孟子與公孫丑》時，在〈疑人不用，用人不疑〉一節中，南師說：「以文人或學者的身分來說，一旦下筆，就必須對文字負責，說清楚點，就是必須對歷史文化負責。」所以南師看待文字，是非常嚴謹慎重的，尊先生為師的人們，難道還有人不知道嗎？

再說花生米吧，南老師是每天都不離炒花生米的，這的確是他老人家的愛好。但是唯一的條件是，不能加任何調味料，只是在鹽中炒熟而已。這種炒法，有花生米自然的香甜味，十分可口。

在台灣，在香港，在大陸，甚至在美國，都是這種炒法。給老師炒過花生米的人很多，但是也會有時炒得好，有時不好。這種事看似簡單，實際上火候很要緊，翻炒的力道也有關係，花生米的品質更是成功的關鍵。別看事情小，也和修行一樣，也和作人一樣，馬虎不得。愛吃花生米的朋友們，大家努力自己炒吧。

再者，如果有一天，市面上有「南懷瑾御用花生米」出售，那可與我們無關啊。

二〇一五年四月一日

二十五、炎黃子孫

週日清晨起來，打開電視，看到「新聞周刊」，白岩松正在報導「受傷的孩子」這件事。看到被養母打得手臂上一條一條的痕跡，真令人怵目心驚。

向警方報案的是學校的老師，但是處理的過程與發展的結果，又十分耐人尋味，或者可以說，是啼笑皆非吧。因為孩子被送回農村父母的家中後，反而仍想回到城市中養母（母親的表姐）家中。

歸根結底，仔細探究，孩子挨打是因為撒謊，不作功課等等。養母當初是受親生父母之託，才答應收養，代為管教這個孩子的。現在孩子犯錯，一次又一次的，當然會教訓他，所以打他。

問題是，對犯錯的孩子，不是應該加以糾正教導嗎？結果卻因父母洩憤而責打孩子。孩子們，每人稟賦不同，性格也不同，有的可以打，有的得反效果，所以施教也應該不同吧。

中國的傳統是，棒子底下出孝子，那個時代是高壓方式，父母的權威頂天立地，對不乖的孩子，就是打。但是，時代的進步和改變，人際關係，親子關係，都在改變，也漸趨理性，棒子底下的孩子，不一定會成為孝子。

十多年前在台灣，一個望子成龍的父親，因為兒子考上的中學，不是父親的理想，就鞭打兒子，兒子瘋了，成為一個精神病人……

看到比比皆是的，愛子女的父母們，由於自己情緒失控，教訓子女的方式，造成子女心理精神的傷害，我覺得自己太幸運了，感恩父母從未打過我。雖然小時候的我，也是一個不乖的孩子，曾對老師咆哮，與全班作對，父親還被請到學校，聽老師述說我的不當行為。

那是小學四年級時，週日我到學校與同學玩耍，級任老師要我寫一篇作文，代表本班參加全校作文比賽。我那時正在打鞦韆，不想寫，但老師再三要我寫，我火了，就對老師大吼：「不寫不寫就是不寫」。於是老師就派人把父親請到學校來了。

一個同學躲在窗外偷聽父親說：「這孩子脾氣壞，我也常想，不知用什麼方法可以讓她改……。」當天回家，心中不免害怕，因為父親可能責罰我。但是父親看了我一眼，什麼也沒有說，好像什麼都沒有發生一樣，而我，心中反而生起了慚愧……

很多西方國家，研究心理學的學者們，都對幼年時代特別重視，認為長大後的特殊習性或作風，都與年少時的家教有關。如自卑啊，不合群啊，自閉啊，自私的自我保護啊，缺乏自信啊等等，當然也都與成長環境有關。

其實，對孩子因洩憤而毆打的，不止是父母，也有老師。孩子是孩子，都會犯錯，對待錯誤，只能教導，而且是因材施教，才能達到教育的功效。

從前美國幼稚園的老師，必須修過兒童心理學的課程，才可以擔任，因為孩子的幼年少年時期，是人格塑造培育的過程，家庭教育的重要性，超過學校教育。而一個人的人品格調，心胸氣宇，比知識學問更加重要，這也就是國民素質的呈現。

歷史更迭，影響了文化教育的演變，社會的因素，經濟的因素，皆與文化教育相互影響，但，無論如何，文化教育才是根本。

一胎化的現象，孩子是家中的寶，這個寶，已與父母的威權上下顛倒了，甚至有父母要生第二胎時，必須得到那個大寶的同意。孩子為什麼會這樣？是誰的疏失過錯？這些寶貝們，是國家未來的主人翁，國家的前途，操在他們的手中，幸虧！他們大概還不是多數！

記得南師懷瑾先生，常常談到家庭教育的重要，尤其是母教，最為重要。時代進步，男女平權，女性的責任不再只是相夫教子，許多女性走入社會，進入職場，有錢人家的孩子，就在女傭的教導下，度過他們人生重要扎根的幼年時光……

南老師又說，教育孩子固然重要，但是，教育孩子的父母，更加重要。

二〇一五年四月十五日

二十六、兩條新聞

看報紙是非常吸引人的事，當然我說的是從前，也就是三四十年代，五十年代的時候。那時報紙印刷用的油墨不好，梁實秋在他《雅舍小品》中曾說：看完報紙，兩手污黑，像搬過煤球一樣。不過，那時傳播消息，主要是報紙，所以差不多家家戶戶都訂閱報紙，而且，報紙一來，全家人搶著看。

我的小學同學王啟宗，也是南老師的門下（《懷師》一書中有他的文章），他的太太是他小學同班同學。後來到了台灣，他跟隨孫立人將軍，是協辦軍中報刊的。所以他有個習慣，清晨起床，先看報紙。他看報紙不像一般人，只注意大事，他是連廣告、尋人啟事……都會看，因為小事也反映社會現象。

可是他的太太，清早起來也想看報紙啊！就在他面前走過來走過去，看他仍抱著報紙不放，也不便催索，就很文雅的說了一句話：「會背了沒有？」

王啟宗被太太幽了一默，只好放下報紙了。這也說明以往夫妻相處的方式，多半是相敬如賓的。

說了半天還沒有說到正題，我要說的是，前幾天看到台灣聯合報（三月二十日），報導台灣兩個知名人士去世的消息。

一個標題是：「李登輝主政時，任期最久的國防部長蔣仲苓病逝，享年九十三歲」。文中並說，蔣仲苓近年健康狀況不佳，久未公開露面，過年前入住榮民總醫院；三月十八日病逝於醫院。

在蔣仲苓逝世消息的下面，另有一條消息，字跡較小，如下：「首任人事行政局長王正誼辭世」。就是這條消息，引起了我的注意，因為我在《禪門內外》一書中，提到過他。

王正誼是蔣經國的表弟，在擔任局長時，涉嫌舞弊。自己親戚貪污，蔣經國極為震怒，就把他下獄了（後來也聽說是冤枉的）。聯合報消息說，他在保外就醫時，有人「送他南懷瑾所著靜坐與氣功的書，王正誼後來深入鑽研，竟練就一身氣功，打通任督二脈，日後連中風的一手一足，都得以康復，並延年益壽」。

報紙上說他辭世時，是一百零一歲，在他一百歲時，人事行政局官員前往訪問，還頒發給他一等人事獎章，猜想也有給他洗冤的含意。那天，一百歲的王正誼，仍很有精神，並下樓送訪客。

這兩則新聞，很有意思，包含了好幾個問題。首先蔣仲苓之去世是「病逝」，是在醫院去世的；而王正誼去世，是「辭世」，大概不是疾病纏身而逝。

其次，蔣仲苓是軍人，享年九十三歲，也算高壽了。但報載他近年健康狀況不佳；而王正誼是一個文人，卻壽超百歲，晚年健康精神都不錯。

再說，蔣仲苓多年來，位高權重，最後身體欠佳，病逝榮民總醫院；王正誼則坐牢多年，但卻健康長壽。

所以，人生到底什麼是幸？什麼又算是不幸呢？實在難下定論。但是人的一生，能夠少病、健康、長壽，應該算是幸運的吧！而健康長壽與靜坐氣功，的確是有密切關係的。

記得在九十年代，王正誼出獄後，曾赴港拜訪南師懷瑾先生。當時南師還錯以為，他是美國那位大學的王正義教授。當聽到王正誼說：「南老師，你救了我的命」時，才知道他原來是蔣經國的那個表弟。

王正誼說，他是被冤枉坐牢的，心情極為苦悶，不免憤世嫉俗，後來看了老師的書，才一改心態，大概就開始在監牢裡打坐練功了。當然，任督二脈是否真通，我們不敢說，但是身體氣脈必定大為改善。身心本是一體的，身體氣脈通暢，精神心情必定不凡，才能壽至百歲外。

但是話又說回來了，如果不是人生遭到挫折，不是在牢中有閒暇，恐怕看了南師的書，也不一定會安心練功打坐吧！現在打坐的人不是很多嗎？會不會「專心鑽研」呢？恐怕也不一定了。

說到靜坐，現在已是普遍流行了，靜坐不是佛門的專利，因為道家、儒家、瑜珈等等，都有這個法門，或養生，或修行。多年來，也有國內國外各界，專門研究靜坐對腦部產生的變化。大致說來，對健康長壽，已證明是有正面作用的。

那天，翻閱一九七九年南師講課的筆記，講的是《大圓滿禪定休息清淨車解》這本書，那次是沒有錄音的。南老師那次講課時，再三說到靜坐姿勢的重要，並說大多數人的姿勢都不對，所以永遠不能得定。在有關修道方面的靜坐，南師更說了許多重話，他說：

「叫你們繫心一緣，始終不肯去幹，如果不從繫心一緣來修，不可能證到空性」。

老師說，「打坐求空，那個空正是無記，是愚痴境界」。所以必須先繫心一緣（緣一個明點，或一個咒子，或一個話頭，或白骨），能定住，之後才能說放下，然後才能證到真空。

又說，「嚴格的講，你以為是在修行，實際上是造不好的業」。

反正說來說去，雖然人人都練習靜坐，但是，對於靜坐這樁事，似乎也不能等閒視之，能把打坐姿勢調整好，就不容易了。

二〇一五年五月一日

二十七、有朋自遠方來

如果一個平常生活單純的人，尤其是像本人這樣年紀又大，交遊活動也不再頻繁的人，忽然有一天，聽到有大約二十人左右，要前來拜訪，請問，那可怎麼辦？

這事偏偏就發生在我身上，究其原因，就是我家小女兒，常常把居處這裡的花花草草，玉米蘿蔔之類的自然植物，用手機拍攝，傳送給她的高中同學們。不料卻引起大家的興趣，都要來玩，同時看望同學的媽媽（我），這叫作一舉兩得。

乍聽到這個消息，真覺受寵若驚，有時也覺得自己像一隻大熊貓似的，太妙了。再說所謂小女兒，年紀可不小了，已是五十開外的人了。她的高中同學們，當然也都是半百以上的社會中堅分子。

所以，一聽到這批人馬要光臨，立刻如臨大敵，不知如何是好。因為：椅子夠不夠坐啊？茶杯夠不夠用啊？喝什麼飲料啊？吃什麼水果點心啊？幸虧吃飯是安排在廟港街上的餐廳。儘管如此，也是東拼西湊，大大的瞎忙一陣，比迎接公主王子之類的還要複雜。

這話可不是胡亂說的，因為這一批人可不是簡單之輩。首先，她們是三十多年前，在台北的天主教文德女中愛班的同學。畢業後各自西東，有出國上學的，有工作的，或成家，或獨身，到了三十多年後的現在，又相互聯繫聚首，真是太難得了。

這一批人，有些從美國先到台灣，與同學會合，他們之中有基督徒，有佛教徒，也有傳統中國人的什麼都信，什麼也不信的；至於她們的工作，有醫藥界的，企業界的，司法界的，商業界的，警政界的，還有娛樂界的，好不熱鬧。

話說這些娘娘們（她們的自稱），在四月三十日由台北飛上海，晚上觀賞周華建在上海的演唱會，次晨五月一日由上海，上午十時到廟港光臨敝處。

停留一個半小時後去午餐，再遊附近後，趕赴蘇州參觀，晚宴後返上海。這是她們的事先行程安排。

五月一日上午十時，我等嚴陣以待貴客光臨，卻不見人影。當然啦！塞車嘛！直到下午一時才姍姍駕到，先吃飯，到了下午二時，貴客終於駕到了。

相見之下，不免一陣子忙亂，因為有人曾見過，有些則是初次晤面，環肥燕瘦各有不同（環肥的多）。大家嘰嘰喳喳，又一陣子混亂，似乎回到三十多年前的高中時代，不免七嘴八舌，東拉西扯一番，連本人也自覺回到了高中年代，跟著大家胡言亂語起來，好不熱鬧人也。胡里胡塗再看時鐘，已指五時，才發現哪裡都去不成了，匆匆忙忙，要趕到蘇州赴宴才是。

說到要走，不免又是一陣騷亂，因為要照相留念嘛！那就大家一起合照一張吧！豈知照完合照，有人來到我身邊坐下，要單獨與我合照一張。他人見狀豈肯罷休，也如法炮製，接二連三的，只得一張一張的照下去，並且每照一張或叫我笑，或叫我說嘻，或「吉士」。無法抗拒，只好一張一張照下去；微笑漸漸無力，變成了咧嘴，直到第二天，臉上肌肉還有點兒痠呢。

上高中的年齡，是人生最美好的年歲，天不怕地不怕，好像前途無量的樣子。這批女士們，生於六十年代初期，那時台灣的經濟正在起飛，她們是生於安樂的一代。記得小女兒六歲時，南老師一見她就對我說：「她的福氣比你好！」

當然啦！她生於安樂，而我，是生於憂患的年代。我高中才唸了一年就發生了七七事變，不久就參加抗敵宣傳隊，到接近前線的地區，喚起老百姓抗日。因為一般鄉村百姓，還以為是打內戰呢。

抗戰八年，我也參加了一點微小的力量，在我九十五年的生活中，回想起來，這憂患，卻是最珍貴的一段記憶……

二〇一五年五月十五日

二十八、素人政治

大概是黃曆上的「宜會親友」吧，那天，不約而同的來了三批客人，都是從台灣來的，「君自故鄉來，應知故鄉事」，這是古人說的。台灣也是我的第二故鄉，尤其是台北，更是親密的故鄉，所以就急不可待的問起台灣的現況。

萬萬沒有想到，客人們正在相互寒暄時，一聽到問起台灣的事，大家竟然七嘴八舌，搶著發言。結果好像變成了對台北柯市長的評論大會。

太奇怪了，柯某不是高票選出的素人市長嗎？

客甲說：「什麼素人！他是個對行政管理一無所知的狂人，自以為是當選了皇帝，對人要罵要糟蹋隨他高興，根本不知道民主是要依法辦事，依法說話的。」

客乙說：「柯Ｐ上任後，市政放一邊，先批鬥前任二位國民黨市長，如果真是公事公辦，為何有問題的陳水扁他不批鬥呢？因為柯Ｐ是深綠的台獨派，他是陳水扁的護祐者。」

客丙說：「唉！你們想一想就知道了，這個人（柯Ｐ）是心懷仇恨的，他競選的可能目的就是復仇，因為他祖父是二二八事件的受難者，所以他是極深綠的台獨，他反大陸，反外省人，反商……凡是他不喜歡的，都要反。所以他就是古人說的：一旦權在手，便把令來行，就憑自己高興的做，哪裡會關心老百姓的福祉……」

有一人說：「奇怪！為什麼沒有人糾正他？那些議員是幹什麼的？」

客甲說：「議員也是票選的呀！誰敢得罪投柯Ｐ票的人啊！」

客丁說：「按照我們心理學的分析，柯Ｐ的心理可能大有問題，那是長期的壓抑所造成的。你們如果看過他自寫的兩篇文章就會知道，他是一個智商極高的人，但他的一切是父母的安排，妻子也是被安排的，他在台大醫院工作，每天都不想回家，想出家嘛，父親又要給他蓋個廟子……總之，他沒有自我，他在親人的關愛下生存，可憐呀！是愛的壓力啊！好像籠中的小狗，一舉一動都被愛的眼神注視著，長久下去，下意識會對愛你的人憤恨，厭惡，因為無奈，解脫不了。現在當上了市長，就開始大大的發洩壓抑的情緒，想怎麼幹，就怎麼幹，誰也管不了……」

這位客人，可能是研究心理學的，分析了一堆，好像很有道理。也令人不免想到現在的孩子們，有六雙愛的眼睛在盯著一個孩子……誰不想自由呼吸啊！怪不得物極必反，愛太多就造成恨了。

大家各說各話，說得很熱鬧。但是討論這個柯P的現象，都好像無解，那怎麼辦啊？其實我是很同情柯P的，真希望有人能救救他，他是個聰明人，適當的開導，有緣的人一定能使他走上正路的。

話未說完，另一位客人說，要講個笑話，一聽到笑話，大家立刻洗耳恭聽，他說：

從前有個縣太爺，被調走離開時，縣民送了一個匾給他，上寫「四天四地」。縣太爺不懂，就叫人去問，縣民代表說：

縣太爺上任時，全體縣民「歡天喜地」。
縣太爺到任後，竟然是「昏天黑地」。
弄得全體縣民「哭天哭地」。
現在聽說他要走了，大家「謝天謝地」。
所以是四天四地。
客甲立刻說：現在台北柯P是屬於哪一遍呢？
有人說，孫中山說的三步：軍政、訓政、憲政，革命成功後，要經過訓政時期，就是教育老百姓什麼是民主，如何實行民主，然後才可以實行憲政，走上民主。可惜的是，推翻清朝，革命成功了，還未經過訓政時期，一九四八年就行憲選總統了，當時還是由國民大會代表選舉，屬於間接選舉。後來到台灣，在蔣經國去世後，改為全民直接選舉，民主就變成了民粹。有人說，因為群眾是盲目的，可見，談民主，可不是鬧著玩的。

二〇一五年六月一日

二十九、對外對內

現在世界上有錢的人太多了，很多國家都有貧富差距過大的問題，因而造成情緒混亂，人心不平等等，呈現出社會動盪不安的現象。

發財致富當然是好事，大概也是人人所希望的吧！尤其是年輕人，誰不想發財啊！

問題是，發財的人，是怎麼發的財？這個問題是很多人想知道的。當然啦！有人善於經營，有人炒作股票，有人操弄期貨，有人有創意，會發明，有人有特殊技能，有人意外致富，有人中了大獎……

所以發財的路徑很多，法門也不少，重要的是，你的發財，造成了別人的傾家蕩產嗎？你的發財對社會有貢獻嗎？是負面嗎？

其實大家最好奇的，是發了財的人，究竟如何支配財富；至於這些人如何發的財，就不去管它了。

據說有幾百億身價的大有人在，身價數億或幾千萬的人，更是千千萬萬。他們之中原本有事業的，或擴大投資，或自有安排，倒也沒有太大的問題，令人擔憂的是，一些忽然暴富的人們，可能作夢也沒想到今天會有這麼多錢，也可能會手足無措吧！

錢多了怎麼辦？善心大發，想做好事。南老師曾寫過一副對聯：「願天常生好人，願人常做好事」。不過，做好事有那麼容易嗎？除了一時的急難救助，比較單純外，很多花錢做好事的，反而得了惡果，因為可能培養了壞人，可能引發出人的劣根性，可能對社會產生不良影響，總之，做好事不簡單。

譬如說吧，發了財，好意計劃撥出一部分做公益、行善，但是聞香而來的，並非都是正人君子。那些冒充專家的，博士的，都會做些計劃之類的，反正你也弄不清，也不懂，就信以為真，還把高級混混們當偉大，落入圈套。也許過後方知，也許永遠不知，而此類事件，也不斷的在上演。

做好事，應該列入佛法所謂的布施吧！所謂布施，大約就是幫助他人，是救苦救難的善行。當災難發生時，就看到人們的善心義舉，感人肺腑。財力雄厚的人，更是時時在財布施，也有法布施的，就是培養人才，教導年輕人成功之道。

但這一切的善行布施，都屬於外布施，多數人都忽略了還有內布施這碼子事。

從前有一次，聽到南老師說到內布施這三個字，覺得很奇怪，下課後就找機會問老師。因為我所了解的布施，應該是捨己為人，是幫助他人的一種「捨」的行為。所以說，內對自己的行為，怎麼能算是布施呢？

對於南老師大概的解釋，當時大家只是略為明白一些罷了，直到多年後，看到行善得惡果的不少案例，才對南師所講的內布施，稍能理解。

那些布施行善者的起心動機，不錯，一定是善心好意，但是方式和所作所為，是不是智慧的判斷呢？為什麼沒有智慧呢？人人都想有智慧，但智慧從哪裡來呢？

「定」能生「慧」，這句話是古聖先賢說的，像《大學》中的「定靜安慮得」，禪宗的「定能生慧」，都說得太多了。除了修定之外，多讀聖賢書，學習曾子的「日三省吾身」，反省改正自己的錯誤等等，都是提昇自己的品格，走向超凡之路，這些不就是內布施嗎？有人說，這看起來像是私心為己，廣義的看，一個社會中多數都是品格高尚的人，那不就是一個智慧的大國嗎？人有了智慧的判斷，做事當然會先考慮後果，避免惡果吧！

所以，善男子善女人！外布施之餘，不要忘掉內布施啊。

二〇一五年六月十五日

三十、特異功能之謎

一九八六年的九月，是我離開大陸三十八年後，第一次回來。當時台灣尚未開放回大陸探親，所以那次我是從香港偷回大陸的。當時的北京、河南等地，與我記憶中的一切，都大大不同了。

回台灣後親友來問，北京怎麼樣？我說：故宮仍在，長城仍在，頤和園也在，其他的弄不清。不過，令人驚訝的是，大陸出現了很多特異功能人士。更令我大開眼界的，就是氣功的流行。

兩年後，台灣開放大陸探親了，九〇年開始，我代表南老師辦理大陸出版各事，更是每年數次前來大陸。所以，知道的有關特異功能之類的事，頗為不少，而且還接受過特異功能治療我的關節炎（只是當天有效）。

這些特異人士及氣功大師，也有應聘出國的，或表演，或治病，總之，轟動中外各地，一時嘆為觀止。只是結果各個不同，真假莫辨。

一般人做不到的事，好像不可能的事，有人能做到，所以叫作特異功能，也稱做神通。許多有些神通的人，常常也是氣功人士，似乎氣功與神通密切有關。南老師在《禪海蠡測》中寫到的神通，有五種：報通、依通、修通、妖通、鬼通。

妖通和鬼通是妖鬼附在一人身上，表現出一些雞毛蒜皮的小能耐。依通是藉著學識之類的，表達預知之能力，如算命看風水之類。只有修通是正修超凡之道而得的，但是有成就的人，不一定都有神通。

最麻煩的是報通，一個人自己也莫名其妙，為什麼會知道一些已發生或將發生的事呢！按照佛法的道理來說，是此人前世修禪定的功力而與此生俱來的。這類人，不但中國有，外國也有。

二戰時的美國華府，在羅斯福總統去世前半年（一九四四），他請了一位有特異功能的人，來回答他的一些問題，那人是華府社交圈有名的一位地產商的夫人。羅斯福問她抗日戰爭的前途，她看了水晶球回答，大意是沒有問題，會成功。但是她說：我們未來的麻煩是紅色中國（Red China）。

羅斯福驚異的說：「中國不是紅的啊！（紅是指共產主義）」她說：這是我看到的。當然，五年後中國就紅了。

羅斯福又問自己的生命還有多久，她回答說「大概半年」。在她臨離開時，羅斯福對她說：「照應好妳的水晶球啊！」這是她最後一次應總統之請，以前已曾兩次前來。這位女士在七歲時，已預知外祖母的逝世。據說，她從不以這個特殊能力招搖或為業。

多年來人前人後，我們看見過太多所謂有大小神通的人士，炎黃子孫好奇心重，對這些事興趣高，愛渲染，以為有神通則無所不知。

前幾天見報，是與周某人審判有關的，就是他的「國師」曹永正，一個有特異功能的人。報上說他「坐收油金六億元人民幣」，當然是不當的收入。奇怪的是，他既然有神通，怎麼不知道自己會被拘捕呢？

追逐神通的人很多，冒充有神通的也不少，叫作故弄玄虛。更多的是，把有一點神通的人，當作有道的大師去供養宣揚。其實，真正有道有德者，就是有神通你也不會知道。

與生俱來有一點預知能力的人，社會中有很多，也可以說是一種靈感吧，因為說不出道理。南老師曾說，應該不理會這些事，否則就走入邪道了。既然前生有過修定工夫，此生應該走正路才對。事實上，許多這類的人士，由於所行所作偏離正道，後果多數都不太好。究其原因，都是因為理不明，道理不清楚之故，反而辜負了前世的修行。這是專指有報通的人而言。

所以溈山禪師曾說：「只貴子眼正，不說子行履」，就是說，見解正確最重要，是根本。

至於那些妖通、鬼通之類的現象，則是由於個人或氣虛，或陰氣盛，才招致異類附身。那是不幸的事，如以此宣揚那就更加不幸了。所以一個人要有正氣，念頭正則氣正，氣正則行正，一個人走正路，天地鬼神都會護佑你這個正人君子的。這是我們古老祖先說的古老話。

二〇一五年七月一日

三十一、又想起抗戰

每年到了七月，就會想到七七事變那件事，已經過去七十八年了，但仍然歷歷在目。當時我剛進高中，聽到日本攻擊的消息後，同學們相互走告，大家心中充滿了震驚、恐怖，和憤怒。

日本對我國的侵略，其實早已開始了，較近的就是一九三一年的九月十八日，日軍占領瀋陽。我雖只有十歲，仍清楚記得，清晨起來，忽然看到父親正與來訪的兩個朋友，拿著報紙，表情嚴肅凝重。

接著是一九三二年一月廿八日，日本挑起了淞滬之戰。在我的記憶中，這些層出不窮的，日本對我們的欺凌，深印腦海。可見人生快樂的事容易忘，難過的事印象太深，想忘也難。

國難當頭反而激發了年輕人的奮鬥意志，人生有了目標、方向，有責任，有價值，不會飽食終日，無所事事而心情迷惘。

最近看到一本書，《中國空軍抗戰記憶》，記錄一些抗戰時期飛官與日本飛機作戰的情況，非常感人，其中有我認識的或知道的人，也有印象極為深刻的人和事。上海一月廿八之役，激起了全國各地青年學子的憤怒，群起遊行，要求抗日，很多青年走出校園，換上了軍裝。

接著是愛國從軍的風潮，清華大學的沈崇海、林文奎；齊魯大學的樂以琴；金陵大學的孟廣信、毛瀛初、羅英德；東吳大學的陳思偉；北京大學的孫鍾岳；之江大學的姜獻祥；北京師大的張光明；暨南大學的韓師愈等，先後都是投入空軍的大學生或畢業生，充分表達了那個時代青年的勇氣和愛國情操，而在後來空戰中，更展現了不凡的戰績。

也有些空軍人員是在國外學習的，畢業後回國報效，大隊長孫桐崗，抗戰前回國，曾到我校講演，那時我還在初中。這本書中所描述的飛官們，以抗戰初期官校三、四期的學員為主，可能與資料來源有關。

一九四〇年的夏天，在成都的親戚家，來了一個飛官客人，名叫劉俊。他的舅母是瓊瑤的姨母，那時瓊瑤才兩歲。劉俊頭一天曾駕機飛往淪陷區，轟炸日軍的基地。看到他時，我好奇的問，出任務時，心中會不會害怕或不安？因為敵機可能挑戰。

他說，作為一個空軍飛官，心中絕不會膽怯，只有勇氣，一路低聲唱著〈平安夜〉而去。聽他那麼說，我覺得他好偉大，其實他只大我三歲。

一九四一年開始，美國和中華民國合作培訓飛行員，初級在印度的臘河，再轉送到美國本土訓練。我的胞弟劉良儕，也投考了空軍，那是抗戰的後期，他在美國畢業後，卻被留在美國作教官，直到抗戰勝利才回來。一九五二年在台灣因公而殉職。

外子胞弟袁行遠，七七事變時才五歲，到了十二歲就報考空軍幼年學校（在四川灌縣）。在台灣是雷虎小組的飛行員，軍中服役，後至空軍副總司令，及華航總經理之職。

劉俊在抗戰勝利後任駐美空軍武官，後在台灣任空軍參謀學校校長等職，一年多前，九十七歲時，離世而去。

抗戰後期我們在成都昇平街的鄰居，是一位名叫劉勛午的飛官，也曾出任務受傷兩次，後在台灣曾任國防部發言人等職務。

特別要提一提的是，那位清華大學畢業參加空軍的林文奎先生，我曾在一九七〇年代拜訪過他，那次是與行廉姐同去，因為聽說他是禪宗行者，也曾閉關修行，他談吐不俗，相貌堂堂，很不平凡，令人印象深刻。

參加作戰的飛官們，許多壯烈犧牲的，都是二十多歲的年輕人，想起那個年代，想起那時的苦難，想起那些年輕奮不顧身的飛行戰士們……

昨夜，睡夢中，聽到連續不斷的轟隆轟隆響聲在震動，日軍又開炮了……醒來發覺，那是天邊滾滾的打雷聲，轟隆轟隆的不停……

但那炮聲，遠方的炮聲，常在每年的七月，在許多人的心中翻動……

二〇一五年七月十五日

三十二、面對歷史

昨天，南師懷瑾先生的一本小書，在台灣印好了，是有關抗日戰爭方面的口述紀錄，只有兩三萬字，書名為《對日抗戰的點點滴滴》，出版前言如下：

「二〇〇三年的十一月廿六日，南公懷瑾先生在香港寓所，接待了一位訪客，這位名叫楊麟的客人，少年時代正值對日抗戰，他在將屆八十高齡之年，憶及抗戰的歲月，就想製作一部紀錄片，將抗戰初期青年學子顛沛流離的艱苦逃亡情況，留傳於後世。

這本小書，是南公針對此事的談話，但內容除了南公個人的所見、所聞、所經歷外，頗有一些鮮為人知的人和事。在輕鬆的回憶言談中，更不時流露出南式的幽默，令人莞薾。

楊先生後即製成《去大後方》紀錄片，於電視台多次播放。今逢抗戰勝利七十週年之際，特檢出南公談話紀錄印行，一則勿忘國恥及抗戰之苦，一則與大家共勉未來，為國為家共同奮鬥走向光明。」

在這本小書中，南師再三說到面對歷史的問題。他認為，古今中外的歷史，大半是假的。因為後人撰寫歷史，其立場觀點，與事實必定有所出入，所以不可能全部真實。

對日抗戰是世界大事，南師所說的，是他個人所見所聞，以及親自經歷的點點滴滴。二戰雖已過去七八十年之久，但在今天目睹戰爭，參與戰爭的人，仍大有人在，所以侵略者勿庸置疑的，就是納粹德國和軍國主義領導的日本，這個事實絕不容抹煞。

德國在戰後，因能面對歷史，對納粹的行徑深自反省懺悔並道歉，所以又能重新站了起來，並在歐洲已居重要地位。甚至有稱歐洲為德國的歐洲者，可見德國的舉足輕重。

但日本現在的安倍政權，不但不面對歷史，反而扭曲事實，不顧世界各國的責難，更積極向軍國主義的老路走去。日本的人民太可憐了。

其實，面對歷史是非常重要，但又是非常不容易的。除了世界大事，國家社會大事之外，還有個人面對自己歷史的問題。我們人，不論是平民百姓，或身分地位顯赫的老少人等，有幾個能面對自己的歷史？有人將他人的功勞據為己有，有人把自己的劣行推向他人，個人的行為尚且如此，更何況一個社會，一個國家。

所以各家的文化學術，在人格的培養方面，都要求自我反省。儒家有「吾日三省吾身」，道家有「內視觀想」，佛家有「拜懺發露」，都是對自身心行的檢討，俾能改過遷善，提昇自身的品格。

多年前在台灣，有一次行政院長郝柏村，在立法院被質詢時，指他朝令夕改的不當。郝柏村的答覆很耐人尋味，他說：朝令發現有誤，當然要改，如果有錯不改，難道要一直錯下去嗎？

郝老先生現已九十有七了，他雖出身軍旅，但多年追隨蔣公，也對王陽明之學頗有研究。一個國家社會也好，領導或被領導也好，凡是人都可能犯錯，故古聖先賢才說，「知錯能改，善莫大焉」。能面對自己的歷史，才能檢討自己昨日之非。

最近氣功大師王林的案件，沸沸揚揚，各方高論頗多。中華文化歷史悠久，自古以來，就有研究生命功能之學的各類人士。其大者有與天地同休，日月併明；其小者專練五鬼搬運，遷物移地之術，早期佛界高人，也常有顯示神通異功之能力者。似此特殊功能現象，自古已有，清朝之白蓮教的刀槍不入，不也說服了慈禧太后嗎！

其實，如果把這類略有異術的人，集中加以研究，一方面領他們走上科研的正路，一方面也免於製造社會的不安，豈非上策！

再者，術歸術，有特殊功能是一樁事，其人品作為則是另一樁事，不能混為一談吧。

第一次世界大戰時，一個英國參戰的人，被炮彈擊傷，頭部間腦嵌進去一個刀片，此人因而發了眼通，隔牆可以看見。後來英國的「蘇格蘭場」，這個特別刑警機構，就僱用此人，協助警方追捕犯人，真是妙計妙用。

有人說，王林又會空杯來酒抓藥，又會呼蛇，會用意念移動鈔票，請問他能呼來一個大象嗎？他能把逃到國外的貪官呼移回來嗎？可見只是一些雕蟲小技罷了，又與我們何干！

不過，據報載，好幾個落網的高官，都是把王林當大師看待的。也有人說，這些人的落網，會不會是王林的意念協助而使他們落網的？

記得五六年前，來訪南師的客人中，曾有一個臨時表演折斷刀叉的功能。南師但微笑不語，即轉頭與另外客人說別的話了。

另有一次，一個有特異功能的人被介紹前來，他的功能曾多次被檢驗屬實。但在南師面前表演，竟然失靈。正在端茶水來的年輕女服務員，看到這一幕，就轉頭走開，悄聲對另一人說：大概是邪不壓正吧！老師的正氣太強旺了。

總之，先賢曾告誡我們：「子不語怪力亂神」，不搞怪，不參與搞怪的事，規規矩矩走正路，就是一個堂堂正正的好國民了。至於許多「玩弄」特異功能的人，他們的下場，已經是有目共睹了。

二〇一五年八月一日

三十三、歌唱　梵唱

每天清晨起來，先要打開電視看新聞，這是多年的老習慣了。不料這天一開電視，看到有人正在唱〈松花江上〉。

這首歌太熟悉了，是抗戰時天天在唱的啊！尤其是七七事變之後，那些東北的青年學生，本來在九一八就逃進了關內了。現在日本侵占了東三省不算，更在河北省蘆溝橋鬧事出兵，北京可能快淪陷了吧！只得再向南邊跑，於是河南開封就來了很多北方青年。

那時我正在開封上高中，忽然看到成群結隊的東北、河北各地過來的外省青年，口音不同，作風習性也不同，心中感到了變動，世界的大變動，國家的大變動，已降臨到我們的身上了。

那時，個個都唱〈松花江上〉，唱著唱著，「爹娘啊……」都流下了眼淚，有人泣不成聲，他們都是松花江那邊逃過來的啊！離開了爹娘……

再看電視上唱〈松花江上〉的那位男歌唱家，唱得字正腔圓，完美無缺，想必是學聲樂出身的。聽了他唱的這首歌，不免想起了從前，想到那時候的一些人，想到他們唱的這首歌……又想起一個五音不全的孩子所唱的這首歌，更令人心酸落淚，因為他們就是這首歌，這首歌就是他們……

現在電視上唱的這首〈松花江上〉，只是一首歌，是一個歌唱家所唱的，一首很好聽的歌。同樣的一首歌，時間、空間、人事，等等的不同，感覺也就大大的不同了。

這又使人想起梵唱，有些知名的歌星，演唱佛門的咒語，唸頌，聽起來似乎也不錯，但又像只是一首歌，一首流行的歌，不太像梵唱。

佛門的梵唱，像是唱，也像是唸，真正的唱唸，更像是從心底呼喊出的，對先聖上界的讚頌，祈願，以及交流溝通的心聲。

多年前，在台灣的一個法會上，那位禪學班的學友鍾居士，也來參加了。站在他旁邊的，有一個初次參加的年輕女孩。鍾居士原為交通銀行的襄理，他也是禪淨雙修的老修行。當他唱唸佛號時，旁邊的女孩莫名其妙的淚流不止。是老修行內心的誠敬所感染的吧！那聲音特別動人心弦。

鍾居士為人謙恭和順，修行也切實認真。我曾請官大治（音樂人）把鍾居士和宏忍師約在一起唱唸，製作錄音，但二人時間總難湊合。可惜啊！鍾居士已於三年前，以九十九歲高齡西歸淨土了。

唐代被稱為山中宰相的李泌，年輕時曾在寺院住讀。一夜，忽聽到唱頌之聲，猶如天籟之音，沁入肺腑。追音尋聲，原來是懶殘禪師，一個大禪師，在唱頌。

其實，不止是古來佛門的梵唱，其他的信仰也有雷同。曾有一個美國朋友告訴我，他並非天主教徒，但曾陪女友參加天主教的聖誕午夜彌撒。聽到神父及信徒的聖歌唱頌，感受至深，心境平安愉悅，令人難忘。

聽了他的一番話，我也在當年的聖誕夜，走進了台北新生南路的天主教堂，聆聽午夜彌撒。真的，很感人，像是天使在唱讚美的聖歌。

也許，這並不是任何宗教的原故吧！而是那顆至誠的心，慈悲的心，敬仰的心，所散發出的真善美，敲打著人們的心靈。

二〇一五年八月十五日

三十四、白加道二十二號

前幾天港台兩地的報紙，都登載了一則新聞，是有關香港一棟別墅轉讓的事。由於別墅轉讓的價位很高，加上買賣雙方都是知名人物，所以就成了新聞。賣家就是香港有名的袁天凡，買方則是阿里巴巴的馬雲，買賣的房屋是白加道二十二號。

新聞看過後，本來看過就過去了，哪知道日昨消息傳來，說南師懷瑾先生曾在那個別墅住過。這一下引起了我的好奇，難道就是南師門下的學友李文夫婦所住的那個別墅嗎？我也曾多次作客住在那裡啊！記得就是白加道啊！

說到李文（Levens），他是比利時人，但他的太太祁立曼卻是台灣的外省人。李文出身天主教大學，他的中國話，說得比很多中國人還流暢。一九七九年元月，他還參加了南老師主持的禪七，那次是在台北辛亥路救國團活動中心。因為在前一年，他在南師的指導下，已把《馬祖語錄》翻譯為荷蘭文了。

一九八〇年，李文應比國政府之聘到北京，在比利時領事館任文化參事之職，幾年後又調到香港的比利時領事館工作。一九八六年九月我到香港時，就是下榻在他們白加道二十二號的家中。

李文夫婦每年都去美國看望南老師，知道老師有去香港的想法後，特別買了一張紅木的古董床，給老師作準備。記得是一九八八年元月，他還親自前往美國，接老師到香港，並且住在他們家中，也就是白加道二十二號，當然睡的就是那張紅木古床了。

南老師在李文家中住了一段時間，另安排妥房屋才搬走的。在這段期間，台灣的同學友好們，聽到老師已到香港，紛紛前去探望，但是帶什麼伴手禮呢？不免想起了老師愛吃的蟹殼黃。因為老師講課之後，常常吃些點心，而在復青大廈斜對面不遠的永康街口，有一家「高記」點心店，就是經常去買蟹殼黃的地方。

於是去香港看望老師的，大家都帶了蟹殼黃。祁立曼說，太多了吃不完，結果都發了霉，真可惜。再說這個高記，老闆是從上海來台灣的，在永康街開店，因為許多附近的住戶，都是江浙人士，所以生意很好。

說到這裡忽然想到五六年前，有人從上海買了蟹殼黃，帶到辦公室給老師吃，大家都吃了，我發現遠不如台灣的好，就託人從台灣「高記」買來，大家都說台灣的比上海的，較有古味。其實，台灣高記的也沒有南師在台時的標準了，原因是迎合時代，把應該用的豬油，改換成素油了，那還會好吃嗎！

拉拉雜雜說了許多題外話，言歸正轉，再回來說白加道二十二號吧。這棟別墅本是比利時領事館的官邸，由於那時的領事只是一個人在香港，眷屬並未前來，所以這棟房屋就由李文夫婦帶著兩個十幾歲的兒子住在那裡了。

記得是一九八九年的四月，有一次，李文夫婦邀請南老師及比利時的駐港領事，在白加道二十二號他們家中晚宴，我也是作為陪客參加的。

往事如夢如幻，轉眼之間，已過了二十多個年頭了，白加道二十二號再度易手，那個紅木古董床呢？仍在那個別墅中嗎？是馬雲在睡嗎？

走筆至此，忽憶及南師的一首詩，其中有兩句：

頭陀一去江湖亂

且向風波險處行

這是南師在一九四七年抗戰後返鄉溫州，經過永嘉大師處有感而作的。偉人之後，必有亂象，現在也許正是「南師一去大家亂」吧！

不過，白加道二十二號還在啊！那張古床應該也在吧！太湖仍然依舊，只是那風波險處，不知有誰在行走啊！

二〇一五年九月一日

三十五、在延安唱歌

一個多月了，只要打開電視機，看到的，都是有關抗戰時的事，聽到的，也都是抗戰時的歌。自己不免也跟著唱了起來，先是心中跟著唱，後來就唱出聲來。

唱出聲來不打緊，忽然發現自己變了調……真洩氣啊！我從前不是唱得不錯嗎！為什麼會變調呢？我從前還是延安魯迅藝術學院音樂系錄取的學生呢！想不到已經是七十多年前的往事了。

那時我才十八歲，而現在的我，和許多抗戰的老兵一樣，已經是九十多歲的老老人了。只不過，我自己還不覺得罷了。

抗戰時的抗戰歌曲，人人會唱，現在跟著電視上的歌聲，也唱很多天了，可是心中有一首重要的歌，始終沒有聽到人唱。那首歌是我報考魯迅藝術學院時自己選唱的一首歌，是黃白的作品，歌名叫〈熱血〉，記得歌詞是：

「熱血滔滔，熱血滔滔，像江裡的浪，像海裡的濤，常在我心中翻攪，只因為恥辱未雪，憤恨難消，四萬萬同胞啊，灑著我們的熱血，去除強暴。」

想到這首歌，就想到一九三九年那年，在延安的冬天，從陝北公學高級部畢業後，有些同學轉入了馬列學院就讀，有些人轉入抗大……而我和另外幾個人，由於不是共產黨員，又是屬於小資產階級劣根性較重的一類，所以就猶豫不決，正在不知何去何從之時，校方就建議我們，不妨去考魯藝，意思是仍希望我們留在延安。於是我們就去考魯藝了。

當時的魯迅藝術學院，校長是冼星海，大概有文學系，戲劇系，音樂系，還有一個普通綜合性的一個系，什麼都涉及一點。我因既無特長，又無特別追求，就只能報考綜合系了。考試時，記得有一項是表演，當然也有一項是歌唱，由不同的老師分別考試。

在考試唱歌時，是我自選這首〈熱血〉的，因為較短，不像〈松花江上〉之類的，太長了。豈知，當我唱完時，看到老師寫下的評語竟然是「音調音色都很好」，結果我反而被錄取到音樂系了，真是意外。

那時的延安，來了許多知名的文化人和音樂人，所以常常有話劇或歌舞劇之類的表演晚會，朝氣蓬勃。但是大家衣著簡單樸素，穿的都是老棉襖，沒有外面社會那種奢華。不過有一天，在一個音樂人聚會的場合，看到塞克這位音樂人，穿了一件皮大衣，那是上海流行的衣著，當時塞克的穿著頗令人吃驚，因為不太平常之故。

魯藝校長冼星海，是一個很仁慈的人，我認識的一對夫婦，男的在文學系，女的在戲劇系，後來懷孕了，生活困難，去向冼星海借錢，冼星海也真幫助了他們。他不但仁慈，更是一個愛國的天才音樂家，卻在年歲不及四十而逝，實在太可惜了。

古人說「天妒其才」，太有才氣的人，老天都嫉妒，讓他早離人世。莫札特也是英年早逝的音樂才子啊。多年前台灣的張雨生，唱得那麼好！由於他唱的一首軍歌，報考軍校的人就大大增加了。可惜不久卻因車禍而喪生。

回頭再說我被錄取入魯藝音樂系的事，雖被錄取，尚未入學，因為開學前還有一段時間，我就跟兩個去西安看牙病的同學，一同去了西安。本擬玩幾天買些東西，就回延安，豈知，到了西安後，先父就從鄭州來了，於是我也未能再回延安。

我常想，如果我沒有離開延安，我的生命歷程會如何？生命好像屬於自己，但自己又是什麼？驅使自己東奔西跑，這樣做，那樣說的又是什麼？怪不得常聽人說，人生如夢啊！

二〇一五年九月十五日

三十六、三週年紀念

今年的九月底，太不平常了，紀念懷師辭世三週年的幾天活動，竟然像是一個萬象更新的開始，更特別的是，三十日上午，那些來自美國、台灣、香港，和國內的老同學們，齊聚一堂，觀看老師生平錄影的播放，大家在懷念之餘，有些人竟哭了起來，老師啊！老師啊……一時充滿了悲傷之情。

此次舉辦活動的老太廟文化廣場，可真是今非昔比，太偉大了。因為新建了一座「太湖大講堂」，占地四千平方米，可容納三百五十個座位，是一個多功能的建築，也可作為禪堂之用，十分寬敞，這是綠谷集團獨資捐建的。

老太廟本是紀念邱老太的義廟，實際上供奉的是儒釋道三家。中華文化的傳統，對於有事功的人們，常修廟以紀念，故而有孔廟、關公廟、岳飛廟、諸葛亮的廟等。台灣還有一個十八王公廟，供奉的十七個人之外，還有一隻忠犬，也算是中華傳統文化的仁愛精神，遍及了一切有情。

這次活動，從九月廿八日開始兩天，同時舉辦第三屆國學講壇。此次題目為「信為本」，演講者共五位，依次為翟學偉教授、周怡教授、廣樹誠先生、李澄塵教授，及朱清時校長。南師子女代表致辭的為南小舜及南國熙，代表同學們致辭的則為饒清政老學友。參加活動人數三百多人，其中親友及老學友們共約一百多人，洋洋大觀。

紀念活動結束後，古道師倡議，因學友們相聚不易，從九月三十日下午起，老學友們大家在禪堂共修禪定，三日、七日皆可，在懷念南師之餘，不忘繼續努力，每日上下午共六支香，參加的共有五十餘位（其中裙帶親友約十來人）。

此次老學友們，新學友們，相聚一處，歡欣興奮，交流熱烈，不免互道別來種種，互憶老師在時的酸甜苦辣，一切恍如昨日。有些不能參加修定的學友，臨別依依，互道珍重，勿忘老師教誨，並相互鼓勵要依老師教囑，作一個誠信、自重、謙恭的人，為社會作奉獻，為文化作努力。尤其要記得老師常說的，「願天常生好人，願人常做好事」。

朱清時校長，看到眾學友懷念老師的深情流露，最後說了幾句話，大意是：大家一方面懷念老師，但更要緊的是，要把老師的貢獻理清說明。此話發人深省，更提醒大家努力的方向。

今年舉辦紀念活動的地方很多，遍及各省市，文殊院大和尚宗性法師的一篇詩文，最為傳神。

南公懷瑾先生三週年祭

樂清明月圓，天遣靈獅繞後殿，逐夢西湖邊。
靈巖明月圓，頑石也存好人願，碧雲大坪天。
寶島明月圓，東西十方精華傳，撒落日月潭。
華府明月圓，為播道種出鄉關，蘭溪納英賢。
香江明月圓，人民公社席未散，海峽一線牽。
太湖明月圓，耄耋心憂文脈懸，心路無盡篇。

空林明月圓，相續前緣七十年，此情追何堪。
三載明月圓，蠡測禪海湧千言，燈照金粟軒。
三載明月圓，團團桌面人難全，地北已天南。
三載明月圓，身前身後留公案，諸君用力參。

宗性 頓首

乙未中秋

上圖：太湖大講堂揭牌
中圖：江蘇省對台交流基地揭牌
下圖：群學書院揭牌

二〇一五年十月二日

右上：懷軒　左上：南小舜先生　左中：南國熙先生
下圖：太湖國學講壇

三十七、誰是鈍根

誰是鈍根？答案「是我」。

最近整理南師昔日講課記錄，才發現，老師心目中認為，我是一個鈍根。

密宗法本有一個《大圓滿禪定休息清淨車解》，一九七九年南師在台灣時，曾講過一次，當時是對小眾僧俗而講的，聽眾共四十人，還有名單。一共有十八講。當時不許錄音，但要寫筆記，交報告。我雖是聽眾中之一員，但有沒有寫報告也不記得了，反正還沒有找到。

密教這本法本，主要是講禪定的修法，所以是適用於其他任何宗派的。近來將一些筆記報告找出整理，發現前七講是老師改正過的，其餘各講，因未見老師筆跡，雖已是整齊謄清的記錄，但無法確定是否是改正後的謄寫。所以前後對照校對與宏忍師費了不少心思和考慮，希望年底前可以出版。

在這個法本中，再看到講中根的修法，和鈍根的修法，我才忽然發現，我是鈍根，因為老師教我看光的方法，那就是教鈍根用的方法。

其實，當時也在聽講啊！為什麼不知道呢！直到三十多年後的現在才明白，自己原來是個鈍根。

鈍根就鈍根吧！只要不去混充什麼大師之類的，不去招搖自捧，也就可以了，如再能保持鈍根本色，不替師長學友們丟人現眼也就不錯了。

一般來說，中根比較普遍，自認利根的也不少，至於老師辭世後忽然冒出來的很多大師們，究竟是屬於什麼根，就不知道了。有人說一個會打坐的孩子，聽人家講利根鈍根的事，就問了一句話，他說：大師賺了很多錢，會不會變成鈍根？

小孩子胡言亂語，令人失笑，反正不管什麼根，都必須進德修業才行，當然利根進步快，鈍根則難開竅，急也沒有用。所以這門「大圓滿」課，當時聽雖然聽了，等於白聽，過了三十多年才明白一點點，當然啦！因為自己是個鈍根嘛。

在這次講課時，由於老師曾經接觸過一個修行持戒很好的比丘，但這比丘的佛學道理並不明瞭，所以老師說，修道戒行雖然很好，但是理不通有什麼用？

這句話，就像溈山禪師對仰山說的那句話：「只貴子眼正，不說子行履」，意思是見解正確最要緊，只要見解正，行履自然歪不了。

見解正，應該也是人生的重要事，如果見解不正不明，行為就會偏差，中國傳統常標榜一個「正」字，鼓勵人們作人應「中正」，做事應「公正」，大概就不離中道了。人們罵人常說：「邪魔歪道」，不走正道的就是歪道，不正就是歪，中國人造的字真有意思。

記得從前曾說過唱戲挖苦軍閥們的幾句話：「不篡位，不登基，聰明伶俐；一篡位，一登基，漿糊一盆」。有人改了幾個字，說「不當師，不說法，聰明伶俐；一當師，一說法，漿糊一盆」。又有人說，不當師，不說法本來也是一盆漿糊啊！否則為什麼偏要去當大師呢！

這些話來來往往，令我也覺得成了一盆漿糊啦。

二〇一五年十月十五日

三十八、走出憂鬱症的三法

前幾天看到電視新聞，報導患精神病的人數占全國總人口的百分之十五，有確實資料的是四百多萬人，大概是由醫生診斷過的數字。

看到這個報導，還真有點嚇一跳。其實在日常生活接觸的人群中，如同事同學親友等，常會發現某人不太正常，某人有些偏差，甚至自己有時好像也不太正常，思想也似乎有些偏差。

所以精神疾病如何界定，只能交給醫生了。只不過，醫生認定的精神病患，卻生活在我們的四周，而我們常常並不覺得他們是精神有毛病的人。尤其是所謂的憂鬱症，一般只是覺得此人想不開，心情鬱悶不爽罷了。

我們現在生存的世界，太方便了，也太複雜了，有些人是難以適應的。再加上生活的壓力，工作的壓力，難以解決的困擾糾結等等，難免令人煩憂，逐漸演變成了憂鬱症。其實，根本的原因是自己沒有舒解壓力之道，而困在自我的壓力牢籠之中。

十月十日台灣聯合報有一則消息，引起很多人的注意，題目是「身心科醫師靠三法走出憂鬱症」。說有一位心理科的醫師，自己曾患重度憂鬱症，「他看過身心科，也服過藥，但效果有限。他參考了中醫對憂鬱症的論述，透過生活調整，包括靜坐、瑜珈、調和呼吸、規律運動、攝取多元色彩的蔬果等，同時訓練自己轉念，用感恩心和正面態度看人生，憂鬱症不藥而癒。」

楊醫師的這三個方法，事實上就是身心兩方面。心是精神層面，屬於思慮的問題，應該以轉移思想念頭來應對，以免執著一件事，愈陷愈深。身的方面，要多勞動，因為勞動的時候，就不大會胡思亂想，念頭自然轉移到身體的活動上了。所以這樣對治身心的問題，一定會比吃藥有效。

記得南老師曾講過，密宗修行人，如果遇到心情煩悶、躁惱、不安時，上師常會令他到山上無人處，對樹木踢打叫罵，以發洩情緒。叫罵過後，身心也就舒暢了，再回來打坐才可以心緒安然。

所以修行路上隨時都是坎坎坡坡，不會一帆風順的，重要的是要有對治法門。

人生的路途差不多也是一樣，誰能一帆風順過一生啊！都是跌跌撞撞的走過，當時總覺得不如意，過後回頭反而覺得很不錯呢。這就是老老人的經驗之談，只要樂觀對待生活（算是感恩之心吧），壞運也會轉變的。

好幾年前，有一個太太患了憂鬱症，她是北方人，跟著丈夫來到江蘇，氣候、生活都不適應，丈夫每天早出晚歸，她一人無親無友，就憂鬱起來了。她的先生不知如何是好，來向南師請教，南師說，我們這兩天正需要人幫忙擦洗地板，就請她來幫忙吧。

她來洗地板，忙得大汗淋漓，三天過了，憂鬱一掃而空，就高高興興的回去了。所以古人說「勤勞善心生」，人要多勞動，身心才能平衡。再說人勞動過後，靜坐也比較容易定下來，效果較好。禪堂靜坐後要經行，大概也是動靜相輔相成的道理吧。

說到這裡，又想到老太廟文化廣場，自九月底落成，由於不收門票，環境建築又很清雅有風味，遠近居民絡繹於途，前來遊玩參觀，聽說會有公開活動安排（有人建議設研究唯識班）。網站建立後，會發佈消息。

說到唯識，想起在台灣時，南師曾講過唯識，並有十方聽眾整理記錄，曾在《知見》雜誌上發表，記得是三篇。由於南師改正這三篇記錄，花了太多時間，還不如自己去寫，故而就未再繼續修改了。不過，實際上也沒有功夫去寫。後來網路上有人聽錄音整理，據說錯誤很多。所以唯識是很不容易的，要與修證配合了解。

二〇一五年十一月一日

三十九、名人之後

有人推薦了一本章太炎（1869～1936）的傳記給我，說這本書寫得很規矩，也很平實，書名是《我的祖父章太炎》。

章太炎這個名字太響亮了，我在幼年時期就常聽父輩們談到他，而且每當提到他的名字時，都是用敬仰的語氣。因為章太炎不但是與孫中山一同推翻清朝的革命人物，並且還是一個頂尖的文人，是一個傳統文化的大家。

慚愧的是，對於章氏的著作，至今也沒有看過一本，因為我出生在「打倒孔家店」的五四時代，在「批孔」的大環境洪流中，對於古典學術是排斥不屑的，直到中年才醒悟回頭。現在看到章氏後人所寫的這本書，深感世紀以來的時代變遷，人們思想文化的翻轉回復，真是一言難盡，令人感慨萬千。

這本書的作者說，他在三十多年前，「進了上海社科院歷史研究所，專事先祖父《章太炎全集》的整理、研究、出版」工作。這位作者，陸續寫出研究成果各篇，包括章氏一生的經歷，努力的方向，作人的原則與貢獻，皆分門別類理清敘明——可惜少了一個年譜。

作者研究的，雖是自己的祖父，但學術態度頗為公正，引用資料文獻，皆註明來源出處，對於外界不實的報導說辭，亦只舉證辨明是非對錯而已，沒有偏見，且行文作風正派無私。名人之後如此嚴謹探討先人學術行履者，在目前芸芸文化界、出版界而言，實屬難能可貴。

其實，令人更關心的，是名人之後的作為和現象。世界上的偉大人物，傑出人士，都應屬名人之列。但有些知名的人物，卻不稱他為名人，就像抗戰前後的上海杜月笙，一般只稱他為「聞人」，中國字真妙。

說到名人的後代，因為他們是名人之後，難免受到社會各界的關心，而他們的行為舉止，更會被放大鏡加以檢驗。所以有些名人之後，頗能克遵父祖之教，安份守禮；有些則青出於藍，如建築界的貝聿銘，其成就名揚世界；有些後人則另系發展成名，如梁啟超之子梁思成，在古建築領域的貢獻；有些則對先人的學術，深解義趣，如宋代邵康節之子邵伯溫；更難能可貴者，則是孔子之嫡孫子思，從祖父門人曾子而學，終以著《中庸》流傳千古。

不過，大人物的後代，不一定個個出類拔萃，像古代的堯舜，子嗣皆平庸之輩。平庸不要緊，只要不頂著先人的光環謀財求名也就不錯了。偏偏有些名人之後，不務正業，就愛招搖過市。記得多年前，某一有名的委員，在過世後一兩年，他的獨子即手持先人工作單位的人名冊，挨家挨戶去化募，號稱集資，實飽私囊。

最有趣的是，這位委員名人（我也認識），生前曾找高人為他兒子算命，說他兒子將來是「封疆大吏」，意思是當外交官、大使的人才，萬萬沒想到下場竟然如此。

所以我常勸人不要算命，一個人不管命好命壞，都要自己努力才行，古人說「人貴自立」，只要肯努力，壞運也會轉變的，如果不走正路，好運也會變壞的。

台灣有句俗語：「歹竹出好筍」，又說「好竹出歹筍」，所以不論名人也好，普通人也好，兒女不可能都是盡如人意的。有對聯說得妙，「兒女是宿債，討債、還債，無債不來」。所以兒女好，為祖上先人增光，那是還債的。至於來討債的，也許父母在世時沒有機會討到好處，待父母過世後，也要利用他們的名字大撈一筆才行，否則決不罷休。

其實父母與兒女的關係，並非都是債務關係，很多是友情、師生、手足那樣，不像城隍廟的對聯所說得那麼絕對。

所以人世間的恩怨情仇，小說永遠寫不完，因為天天在上演，看也看不完，花花世界嘛！

二〇一五年十一月十五日

四十、女中豪傑

所謂豪傑二字，本是讚嘆某類男士，因為他們慷慨好義，又勇於擔當，見不平則拔刀，有「雖千萬人吾往矣」的氣魄，故而稱之為豪傑之士，屬於性情中人。

自從男女平權以來，尤其是近數十年來，出類拔萃的女性，在社會上有優良出眾的表現者，為數頗多，一般稱她們為女強人。她們能力不凡，但與女中豪傑，並不一定劃上等號。

台灣快要選最高領導人了，數月前，國民黨那些資深檯面上的人物，或謙讓，或「不敢為天下先」，或怯戰怕丟臉，總之無人肯站出來承擔重任。平常吃香喝辣的那些人物，事到臨頭，竟然沒有一個人願意出面。

國民黨正在不知如何是好之際，忽然跳出來一個小辣椒洪秀柱，竟然扛了大旗出征，一時之間，海內外華人驚喜連連，年輕族群尤甚。一個在美國的華人，立即寫了一篇激昂慷慨的讚揚文章，稱洪秀柱為女中豪傑，說她膽識勇氣，勝過黨內那些懦弱的袞袞諸公。

接著更有人說，小辣椒的那一篇接受提名的講話，鏗鏘有力，就像諸葛亮的〈出師表〉一樣的激勵人心，感人甚深，華人世界齊聲讚揚；更有不少國外華人，擬請假返台，為小辣椒助選。

許多人，年來目睹國民黨內正氣消沉，邪氣浸蝕，心中氣悶鬱結，無奈之下，原擬眼不見為淨，來個不聞不問算了，不料突然聽到小辣椒振奮人心之談，似有雲將開，霧將散之感，藍營有救了！

洪秀柱被一群熱心、正直的響應者擁戴，歡欣鼓舞，原以為一鼓作氣，就可以把她推上了高台。豈知事與願違，道高一尺，魔高一丈，外魔內鬼齊舞，有人暗扯後腿，民調當然難以上升，如此這般，昧於現實，更比拳頭，只得改弦易張，最後是朱上洪下了事。

接下去要說的，才是我想說的話。

以往的國民黨，有寧漢分裂，有出走奔向敵營（日本）的。來台的後期，也有因意見不合，理念不同而分裂的，如宋楚瑜另組親民黨，郁慕明另組新黨。各為理想奮鬥而分裂，似乎是一種必然，也無可厚非，故而一般推論，朱上洪下，國民黨可能再次分裂，因為洪的支持者，不免氣憤填膺，並鼓勵柱柱姐參選立委。

當然，如果洪秀柱參選立委，連我也相信，她一定高票當選，給那批人一個難堪，自己也出一口惡氣。

但是，但是，洪秀柱沒有這樣做，她不願造成同志們的困擾，不論組織內部是否不合情理，她自己是為中山先生三民主義而參加這個黨的，不會為任何人我是非而改變初衷。

佛門中有句俗語：「發心如初，成佛有餘」，意思大概是，自己最初的那個念頭始終不改，始終如一才行。換言之，人是善變的，常因環境的改變，因人我是非的情緒，而偏離了最初的意念和目標，迷失了自己。

不論洪秀柱如何如何，只就堅守初衷，體諒他人，顧全大局而言，已經是「行人所難行」的作為了；而更難能可貴的是，她沒有抱怨，更沒有懷恨，所謂女中豪傑之稱，應該當之無愧吧！

二〇一五年十二月十五日

四十一、提起正念

記得是七〇年代初，好像是禪學班開始不久。有一天去上課時，看見南老師匆匆從外面回來，他發覺同學們正在等他上課，於是說：剛才是去台大醫院探望一個病人，那是個老朋友，託人來找我去見他一面。

南老師說，看到這個老朋友在病床上已經不行了，醫生也已向家屬通報病危，只有等奇蹟吧！但這個老朋友似乎仍在掙扎不捨，神志有些慌亂不安，於是老師就附耳對他說：「提起正念！提起正念！」

當我聽到老師叫病人「提起正念」這句話，心裡真有點糊塗，那病人都不行了，一定又痛苦，又害怕，現在叫他提起正念，怎麼提啊？要提的那個正念又是什麼啊？

我心中雖然迷糊，但也不好意思問什麼是正念？如何提正念？因為自覺已年近半百，問這些問題是否太幼稚了？可是這兩個問題卻如影隨形，常在腦海中閃現。

中國這個「正」字，還有一個「中」字，在人們的生活中太重要了。有人名叫「中正」，有人名叫「正中」，有文章叫「正氣歌」，有出版社叫「正中書局」，稱好人為「正人君子」或「正氣凜然」等等……。

諸如此類的辭句，人人皆知，習以為常，但很少有人深究其真正的含義。尤其說到「正念」二字，到底什麼是正念？當然！念頭不邪不惡不偏就是正，問題是，自己怎麼知道自己這個念頭是不邪不偏呢？而真正的「正」，又是什麼呢？

可能一般認為，善念就算是正念了，但善念付諸行動時，也可能得惡果啊，可見善惡的標準也常難界定。所以這些問題，有時想起來，就會糾結一陣子，不過想不清楚也就算了，沒有結論。

南老師除了叫病人提起正念外，還常對那些臨終的病人說：「快走吧！這世界有什麼好留戀的！」有時候則說：「快走吧！再回來換一個好身體！」

曾有人批評說：你們南老師好奇怪啊！怎麼這樣對病人說話呢？不是應

該安慰病人嗎？應該說，你安心養病吧，天天有新藥發明，你的病一定會很快好的，上帝會保佑你啊！觀音菩薩會保佑你啊……

我常猜想，可能老師所引導的，是叫人在必要時一定要放手，也就是放下一切，也許這就是解脫吧！天下事沒有不變的，人早晚也一定會死的，當船要沉時，船長就要下令棄船。

再說「提起正念」這件事，所謂正念，也許是不胡思亂想，也許是什麼都不想，連痛苦都不想，捨棄外界一切的影響，能再安定而專一，也許就是提起正念吧？

可是，病入膏肓的人，能夠辨得到嗎？也許這是在那種情況下，老師指出的一條唯一的路吧？

這種事，不要說病人作不到，恐怕連平常健康的人也不一定作得到。我們禪學班的同學們，三三兩兩的，私下也對這個問題七嘴八舌的討論一番，有一個年輕男同學很妙，他說，正念不正念的問題，很容易判斷，當我們男生忽然看到一個美女時，大家各自動的念頭正不正，自己就很清楚了。

聽到他的妙論，大家不免大笑起來。總而言之，怪不得古人教我們要「行得正，坐得端」，一個人先要有正念，有正念也就有正氣，那樣才能行得正，才會走正路。常言道「邪不壓正」，不過滿眼望去，太多的邪壓正了，真是道高一尺，魔高一丈。

所以在我們日常的生活中，豈不是也要時時提起正念，才不會被魔氣所侵嗎？因為氣和念不分先後，是同時動的，這話南老師也曾再三說過。

其實，外魔並不可怕，可怕的是自己的心魔，更可怕的是，把邪念當成正念而不自知，我們人好糊塗啊。

二〇一六年一月一日

四十二、美麗寶島的正念

上次說到提起正念的事，說到：「念和氣是同時動的」。記得袁煥老曾問南老師：「是氣先動還是念先動？」南師的回答是「念先動」，也得到袁老禪師的肯定。因為住在對面的那位修行人，就是袁老供養的那位，認為是氣先動，所以才有袁老對南師的這一問。

但是，南師在《孟子與公孫丑》一書的〈心氣一貫〉篇中又說：「不過後來，我再經過研究，認為不但是氣先動不對，念先動也不對。根本上分先後就不對。嚴格的說，分不出先後，念動氣就動，氣動念就動，就是老子說的：『此二者，同出而異名』，所以心物是一元的，心氣也是一元的，是一體的兩面。」

說到這裡又想到明年台灣就要投票選舉了。有一個朋友說，他看藍綠兩黨的代表人物都不順眼，所以要選親民黨的宋楚瑜。可是又有人對他說，選誰才對的這個問題，應該考慮那人當選後對社會人民造成的影響才對。

蔡英文代表的是主張台獨的民進黨；朱立倫代表的是主張兩岸和平的國民黨；我們平民老百姓主張的是安居樂業，不要狼煙四起，或地動山搖。這個朋友聽了這番話，馬上調整情緒，又說要改投國民黨的朱立倫了。

當然，國民黨內部的問題很多，惹人厭煩。很多人都說過，在退到台灣後，第一步錯誤就是對地方勢力的妥協，不論好壞一概收納，日後又未能妥善處理，自然發酵，形成尾大不掉。好在馬英九上台後，大方向有正念，兩岸才和諧相處，弟兄不再反目相向，人民才得以休養生息。

可是馬英九的問題是，一心想當一個全民的總統，對綠營（民進黨）的作為百般忍耐將就，失掉政黨政治的原則；更把國民黨從校園撤出，把支持國民黨的地方，棄之不顧，造成台獨思想趁機進入校園活動，地方力量由藍轉綠，國民黨可謂自毀長城。

馬英九最不可原諒的，據我所知，是對教科書的忽視，在二〇〇〇年陳水扁代表台獨勢力上任後，更改教科書，脫離炎黃子孫，潛入了台獨暗示，而馬英九上台後卻未加重視，沒有立刻改回原狀，真是愚不可及。

馬英九清廉正派，任內也做了不少值得讚美的事（見陳文茜文），但他的慧力和能力，可能不適任國家領導。《長短經》上說到領導力，有一人之將，十人之將，百人之將，千人之將……乃至視天下人為兒女家人之將等等。馬英九常被批評只在小圈子之中找人才，可能因為他只是一個十人或百人之將的人才吧，只能領導少數人而已。而一個國家的領導人，應該具有包容善用各種人才的廣闊胸懷，其能力和智慧的超越，不同凡響。只有轉輪聖王那樣的盛德，才能造成一個時代的太平。

明天台灣的選舉是前途轉捩點，有媒體稱，蔡英文的民進黨，多年來把青年人拉上台獨的大巴士，按照政治人物的承諾，上台後應立即宣佈台灣獨立才是；如果當選後目的已達，自己下車，不走台獨之路，把車上台獨青年留下不管，那就證明她的目的只是為獲得個人的高位而已，對青年人及台獨口號，只是利用罷了。

所以，結論是：希望台獨的選蔡英文或宋楚瑜（分散藍營票）；希望走和平安定路的，選朱立倫，至於哪個人順眼或不順眼，也就不必管了。

二〇一六年一月十五日

四十三、《孔學新語》

記得是一九六九年的年底，南老師與赴日本訪問團剛回台灣不久。那一天，我和行廉姐一同前往溫州街八號拜訪南老師。當時大家的說話內容，早已忘得一乾二淨了，只記得告辭時，老師送我們二人各一本小書，書名是《孔學新語》。

說老實話，當時的我，還沒有完全脫離五四時代打倒孔家店的旋風，現在看到老師這本所謂「新語」，不免好奇，回去後就立刻看了起來……結果呢？這本小書使我有了新的了解，對以往的孔學以及中華傳統文化的說法，也開始鬆動了觀念。

這本書只講廿篇《論語》中的六篇，雖只有六篇，在台灣卻開始發酵。首先是在軍方，邀約老師前去講演的，遍及陸海空三軍。之後各界陸續邀約不斷。數不清的多年講解《論語》，累積整理，才成為《論語別裁》。

再說這本《孔學新語》一書，是老師住在蓬萊新村時的作品，當時的一些年輕的學子們，如林曦、朱文光、巫文芳、杭紀東（四人是我後來認識的）等等，經常前來老師處求教。老師所教的，不僅是孔學，還有詩詞，因為老師也是喜愛作詩的。

巫文芳當時就讀師範大學，他記錄了《論語》的講解，朱文光加以校正，經過老師審訂後，定名《孔學新語》，於一九六二年出版了，全書只有八萬多字。

有趣的是，這本書的出版發行是「淨名學舍」，地址就是南老師自己的家——台北市泰順街60巷蓬萊新村三號。

說起來這已經是超過半個世紀之前的事了，現在忽然找出這本書，也是有個原因的。因為多年來《論語別裁》的風行，加以孔子學院在世界各地的設立，所以有識之士認為，應該把《論語別裁》譯成英文出版，一則幫助外國學子認識孔學，二則也是宣揚中華文化。更因為《論語別裁》這本書，與學院古典的解說不同，而是生活化的，時代化的，易於了解的，但對文化的涵義又更廣。

但是《論語別裁》上下二冊，共六十多萬字，譯成英文之後至少成為四大本或六大本，翻譯工作一定需時長久……念及此，忽從塵封的記憶中，想到了這本八萬多字的小書，也許在《論語別裁》譯好之前，先譯這本「新語」，也可令人先睹為快吧。

其實，《孔學新語》非常精簡，如擬研習《論語》，則較容易方便，此書也可重新出版印行。

本書的記錄巫文芳，任教中學多年後退休。在《習禪錄影》中，有一篇「巫記」，就是他整理的那篇。

這本《孔學新語》，有南老師用古文寫的自序，辭藻典雅優美，言語鏗鏘有力，現附於後，以供愛好古文的讀者們鑑賞。

自序

髫年入學，初課四書；壯歲窮經，終慙三學。雖遊心於佛道，探性命之眞如；猶輪志於宏儒，樂治平之實際。况干戈擾攘，河山之面目全非；世變頻仍，文敎之精神墮裂。默言遯晦，滅跡何難。衆苦煎熬，離羣非計。故當夜闌晝午，每與二三子溫故而知新。疑古證今，時感二十篇入奴而出主。講述積久，筆記盈篇。朋輩咐囑災梨，自愧見囿窺管。好在宮墻外望，明堂揖讓兩廡。徑道異行，雲輦留連一乘。六篇先講，相期欲盡全文。半部可安，會意何妨片羽。磚陳玉見，同揚洙泗之傳薪。諷頌雅言，一任尼山之拄杖。是爲序。

旹

中華民國五十一年歲次壬寅　孔聖誕辰南懷瑾序於臺北寓居

二〇一六年二月一日

四十四、新春閒話

二月四日立春，丙申年開始了，十二地支的申為猴，所以今年是猴年。從立春開始，就進入農曆的正月了，也是一年之中春天的開始。春天到了，天氣晴朗，太陽送暖到江南。大家正高高興興的準備迎接新年，豈知那猴子，真不安份，又因為丙申納音為山下火，大概是隻火猴吧，夾著大鬧天宮的餘威，立春第三天，就有了驚人之舉，台灣南部發生了大地震。高樓倒塌，死亡無數，至今仍在忙碌救災，哪還能過年啊。

大家還記得嗎？一九九九年九月二十一日，台灣中部大地震不久，台獨黨的陳水扁就登基作了領導人；而今年，台獨黨的蔡英文，剛選上大位，南部也發生了大地震。老天爺啊！你是什麼意思啊！

為了過年，各行各業，家家戶戶都忙得不亦樂乎，一胎化的小兒女生病了，竟然難以看到醫生，因為小兒科醫生缺乏，那些小兒科的醫生們，也已經忙得個個人仰馬翻，連自己的孩子病了都管不了。苦啊！怪不得釋迦佛說人生苦多樂少。

苦雖苦，但也要苦中作樂，也許就是化煩惱為菩提吧（這是我胡亂說的）。所以除夕夜，大家齊坐電視機前，迎接春晚，期盼歡樂的表演一掃大家身心的疲勞……

央視製作春晚節目的團隊，太辛苦了，令人十分同情。他們一定是努力想超越以往，只不過，一旦心中有這個任務，常常就成為一根繩子，把自己的手腳和思維捆綁起來，障礙了自己才華的發揮。可惜啊！

天下事總是有苦也有樂，有悲也有喜，天氣變幻無常，忽然像夏初一樣，忽然又零下多少度，周圍的年輕人咳嗽的不少；更惹人煩的是，新買的汽車，車廂內氣味難聞，正在不知如何是好時，有一個生產「負離子健康板」的專家來了，在車廂內放置幾塊他們生產的健康板，一兩天後，氣味全消，令人大喜過望。原來它的作用是除菸、除塵、殺菌、去甲醛，主要是裝置在室內。打聽之下，許多友好熟人的家中，或失眠、或哮喘、或高血壓種種有慢性病的，裝了此板後皆無藥而癒，現在裝在車廂中除臭，還算是大材小用呢！所以現在許多公司、學校以及醫院，都紛紛裝置，至於它作用的科技道理，雖聽了，可惜自己不會重述。總之，這是中國人自己發明的，國外雖有淨化空氣的各種方法，但都有副作用，所以不完美，只有中國的產品，無副作用。

記得南老師常說，中國有兩百年的好運。所以，看起來，各行各業皆有人才蹦出來，更有許多想像不到的發明……話說到這裡，又想起了生活上的習慣和禮貌，出國旅遊，何時才會被人認為是來自禮儀之邦呢？有人說家庭教育，加上學校教育……唉！大過年的，說這個幹什麼啊！

那就說說天氣吧，老輩子的人說，「春寒四十九」，意思是立春後四十九天內，天氣偶然仍會冷如嚴冬，所以不要看見出太陽就脫棉厚衣服。因為古人也說過：「春捂秋凍，到老不生病」。春天不要脫厚衣太早，秋天不要穿棉衣太早，這是順應天地自然規律，才能健康少病。

再說小兒女的健康，古人也說過：「若要小兒安，常帶三分飢與寒」，不能給小孩子穿太暖，更不能吃太飽，一般說來，腸胃積滿，氣血不通暢，略感風寒就會成病，其實大人也是一樣。

拉拉雜雜的說了一堆閒話，再說幾句正經的年話吧：在這紊亂不堪的世局中，像中東的戰火，人民的流離失所，歐洲湧進的難民潮，攪亂了的家家戶戶，外加恐怖、不安、災難、死亡，籠罩著很多地區和國家，回頭再看我們自己，是何等的幸運，能在豐足安定的環境中，放鞭炮，度春節。

感恩吧！感謝先祖們留給我們的一切，感謝許許多多人的努力和奮鬥，我們才有今天，感恩啊！衷心的感恩！無盡的感恩！

二〇一六年二月十五日

四十五、誠品之遊

誠品書店在蘇州開張了，那是兩三個月之前的事，聽說地方寬廣，很想前去參觀。無奈陰錯陽差，又適逢過年，好容易春節忙亂過了，唉！老人出門又要等天氣晴，又要等心情好，總算元宵過後那天，終於一車人，浩浩蕩蕩的，直奔蘇州誠品而去。

進了誠品的大門，感覺像是走進一個百貨公司。上到二樓之後，才見陳列的圖書，舖天蓋地，洋洋大觀，令人目不暇給。館內的設計和建築，以及色彩等，亦頗有重而雅的味道，足以承受那些五光十色，色彩繽紛的視覺上的壓力。

那天客流並不擁擠，讀者可以從容瀏覽。但見青年男女，少年等多人，或坐而閱讀，或三五聚談書事，或歇足咖啡座，以飲料解乏，總之，都自在逍遙，享受讀書之樂。

此情此景不免念及昔日的歲月，那時的書店，只是一間屋子而已。五十年代之後的台灣，重慶南路許多書店，也只是一兩層樓房而已，不像現在，出版界書籍大爆炸，比人口增加快了無數倍，真令人眼花撩亂。

後來台北市敦化南路圓環，忽然冒出一個誠品書店。那是一個驚人的創舉，廿四小時營業，實前所未見，國內外書籍雜誌，應有盡有，來客可自由瀏覽，歇息，其構思安排，顯然皆為讀者設想，為社會求知大眾提供服務，目的似乎不是以賺錢為優先。

創辦人吳清友先生，聽說是以企業經營所得而興辦誠品書店的。想必心懷文化，有文化理想才能為此。這與投資文化生意是不可同日而語的，因為動機大為不同。

不過，投資文化產業也不錯，只要合情合理，又弘揚文化，又賺應得的利益，也是一舉兩得了。

誠品在台灣經營幾年後，樹立了一個標竿，國外慕名而來者，不絕於途，賠錢經營過程中，曾有其他企業主協助，注入資金，共襄盛舉者。古聖先賢曾說過，移風易俗乃文化之力。

自從網路興起，手機電腦文化瀰漫，書店相繼關門大吉了。讀書的人愈來愈少；不會寫字的人則愈來愈多，現在還有一個書店可以去看書，可以去看多種多樣的出版物，更重要的是，提供一個有書香的地方，給人們流連。儘管未見黃金屋，也未碰到顏如玉，可是，俗塵若略加消落，就已大有收穫了。

曾聽哲學教授牟宗三說其讀書經過，那是他在北京大學就讀時，每逢假日清晨，口袋中裝兩個饅頭就進圖書館了，消磨一整天時光。北大圖書館藏書之豐，中外皆知，培育出許多人物⋯⋯現在逛誠品書店，不必學牟宗三教授啃乾饅頭，喝冷開水了，多幸福啊！

走累了，坐下來休息吧，大家叫了些飲料。小友點了一杯名為「夜未央」的咖啡，侍者端來了，是由光亮透明的特殊壺杯盛的，只是黑咖啡罷了。淺嚐不免莞爾，惟因名稱美妙，似有心曠神怡之效，心和咖啡而合，味道如何也就不太介意了。

一言以蔽之，令人安詳自在，令人心正意誠的環境，那也算是文化的力量吧。

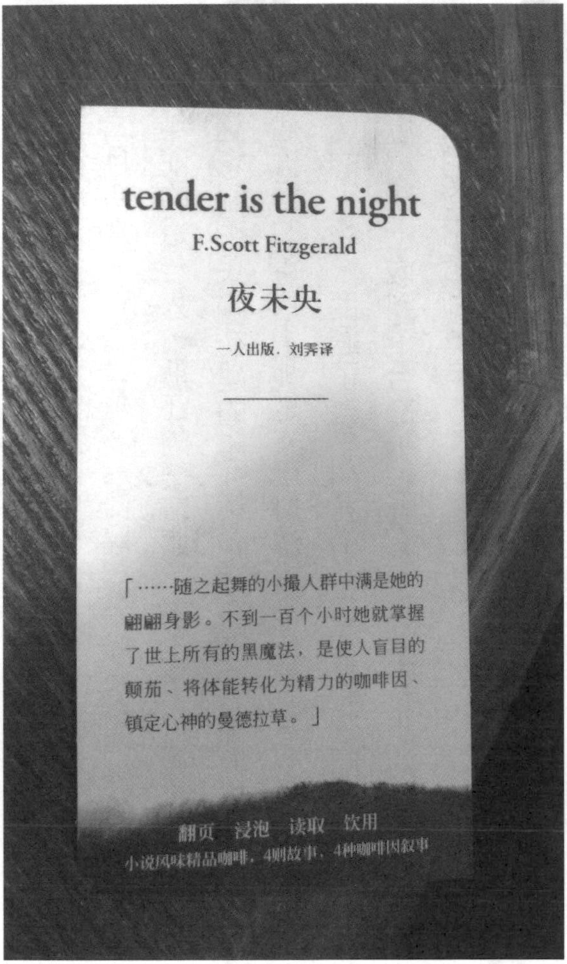

二〇一六年三月一日

四十六、又到了二月初六

今天，二月初六。

九十八年前的這一天，浙江的樂清縣，誕生了一個特殊人物。

那是推翻帝制，民國初建的年代；那是飽受列強欺凌侵略的年代；那是炎黃子孫遭遇折磨的年代；那是文化傳統與維新交替的混亂年代……

這個特殊的人物，度過了自學的努力和艱苦的奮鬥而成長，再經種種的磨練與考驗……三十歲到了台灣，默默的，一步一步的，開始了教化。他，就是懷師，我們的南老師。

他一生為文化傳承而努力，為國家為眾生而奉獻；他一生捨己為人，從不為私利而營謀。他，千山萬水，單槍匹馬走過歷史人生，偉哉吾師！

足跡踏過歐美，七十歲到香港，八十歲回歸故土，落腳太湖之濱，身教言教遍四方，九十有五謝世而仙歸。

三年過去了，又是二月初六，為了紀念這個不平常的日子；為了懷念這位不平常的先生，同學們有的參加了前兩日在上海恒南書院舉辦的紀念活動，今日又齊聚廟港老太廟文化廣場邊的太湖大講堂，共同念誦《金剛經》，並在老太廟的大雄寶殿內接連三天拜懺（對外公開）。

拜懺，反省自己的所作所為。我們這些自認是南師學生的，尤其自認是接棒人的，自認是傳人的，所作所為，有否違反南師的教導？是否做了老師不讓做的事？

先生一生好學不倦，我們學到了嗎？先生一生謙恭和順，我們學到了嗎？先生從不爭論人事是非，寬厚恕人，我們做到了嗎？

先生受滴水之恩，以湧泉相報，我們做到了嗎？能以滴水回報就不錯了，也許還把得到的湧泉，妄稱是自己供養給老師的吧！

可憐啊！我們！我要懺悔！

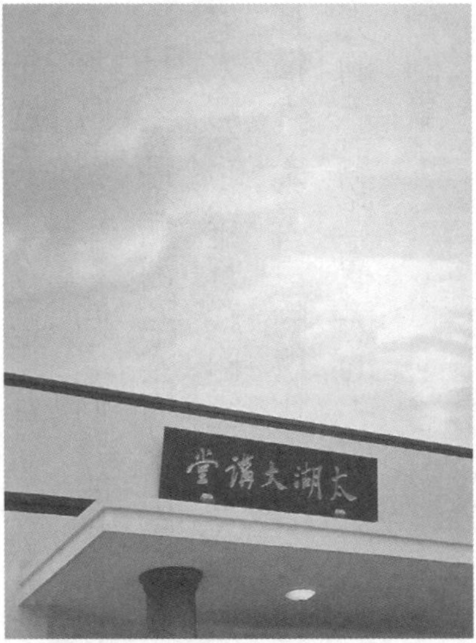

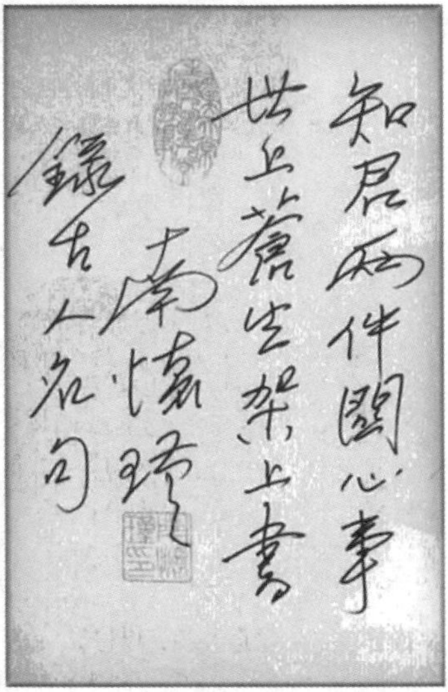

二〇一六年三月十五日

四十七、說到老

活到老，學到老，說到老。

前兩句是古人所說，後一句是我說的，也是有感而發。

對於說話一事，老人分為兩類，一類是沉默少言，一類是說個不停。

其實，說個不停多半是女人，由於傳統下來的文化，男人多管大事，女人只管瑣碎的事。加之女人熱心，喜歡多管閒事，張家哭，李家笑，雖事不關己，但因熱心，女人都愛湊上一腳。

台灣有句俗話，稱她們為「雞婆」，形容她們一天到晚咯咯咕咕，像雞一樣叫個不停。雞婆一類的女人，並不一定都是老女人，年輕的雞婆更多。

當這些年輕的雞婆中年之後，有的習性難改，當然咕咕依舊，咯咯到老。

為什麼說個不停呢？分析其所說，不外是自吹自擂，內容關心他人的少，表揚自己的多；至於世界大事，社會新聞，則有時又會表達出些許奇怪和天真。

不過，在這種情景下，常常看到有些在座男人的高深修養。這些男人之中，有人笑而不答，有人閉目養神。笑而不答，是看她們如鶯啼燕唱，四川人說：「好耍！」意思是真好玩！

至於另一類不愛說話的老人，其實是令人擔憂的，因為不知道他的喜怒哀樂，不知道如何與他交往，相處。此時，不免想到雞婆的好處了，尤其是當一堂有生有疏的人眾在一起時，忽然間，無人說話，出現了一段令人尷尬的悄然無聲。那時，真希望有個雞婆說些三百五的話呢！

由此可見，人人都有缺點，但有時缺點又是優點，所以天下事就沒有絕對的了。

還是古人說得好，活到老學到老。世界在進步，學術在進步，為了適應時代，不可一日不充實自己。尤其是，學習使人忘憂，使人有新奇感，新鮮感，當然就令人忘憂了。

道家說，「開口神氣散」，的確有理，尤其對於修道的人而言，確實應該注意神氣內斂。但是，一個普通人，年老無事可做，生活又無慮，那麼，要他們幹什麼呢？所以老人的精神生活是一大問題。不過，年老的人或退休的人，如果喜歡閱讀的話，那就很方便了，可喜可賀！否則的話，不免就像有些退休的高官顯貴那樣，常常講說自己的豐功偉績，而除此話題外，反而無話可說了。

所以難怪古人說「書中自有顏如玉，書中自有黃金屋」，此話雖是鼓勵年輕人努力求學問的，但是，看到一本好書，真使人有其樂無窮之感呢！年輕人啊！養成讀書的好習慣，等你老了，才不會無聊度日。

說到老的問題，現在實在嚴重，最近看到報上消息，說日本年輕人對老人是「嫌」，更有希望老人頂好自裁的。當然因為年老人太多，社會及家庭負擔太重之故。但「生老病死」人人難免，不要以為你還年輕，如果不先認清年老之事，待老之降臨，你就麻煩了。

老人自己最大的麻煩是放不下，對兒孫放不下，對事情放不下，對一切都放不下。分明管不了，仍然緊抓不放，惹得兒孫煩惱，事情更亂。哎呀！放下放下，就此放下，不寫了，放下吧！

二〇一六年四月一日

四十八、一把梳子

不要認為梳頭的梳子沒啥了不起，但是人人都離不開梳子，甚至那些光頭的人士，也多半是離不開它的。

在下我，雖然梳了九十多年的頭髮，由於最近收到一個特別的梳子，在看了附在盒內的說明書後，才忽然明白梳子和梳頭的神奇。

起因是祖籍常州武進的一些親友們，從美國、台灣各地會合，前往他們的祖先所居之地探訪，其中多數是畢生第一次回到祖籍之地。有的說，在籍貫欄中，一生已填寫了千百次，直到現在，七八十歲了，才初次訪問所謂的祖籍所在地。

鄉土人情，好不熱鬧，熱烈歡迎之外，還贈送土產，其中則有一把常州特產的梳子。我雖未前往，也蒙贈一把這樣的梳子。

愛看說明書是我的一大毛病，想不到這把梳子的說明書，卻大有文章。

原來用楊木之類製成的梳子梳頭，根據《本草綱目》的記載，具有「提神醒腦，聰耳明目」的保健功能。這些說辭，乍看起來，似乎只是宣傳口號，但卻使我忽然想到慈禧太后身邊的太監李蓮英，他的重要工作之一，是替慈禧太后梳頭。

以往聽到梳頭這樁事，總以為是把頭髮梳理整齊，紮好就是了；事實上不是那麼單純的，因為梳頭要梳頗長的時間。再回想昔日先母每日清晨梳頭的事，那是很花時間的，不是三下兩下就能完成的。

我收到梳子後，也著實每天梳一陣子，大概十分鐘左右。可能是我的心理作用吧！真覺得有提神醒腦的作用，至少有通暢之感。

再回想以往，曾看到或知道的不少失智老人，大多是男性，少有女性。為什麼呢？我猜想是女性天天梳頭較久吧！女性梳頭比男性時間長，梳頭對頭部有按摩作用。再看我們的身體，每一個部位在日常生活中，都能得到活絡筋骨氣脈的效果，至於我們的頭，從來無法運動，愛運動的人也只能運動身體，所以對於頭，也只有梳頭按摩了。

說了一大篇，可不是替常州的梳子作宣傳，常州的梳子雖有一千五百年的歷史，但是我們中國人的梳子遠超過一千五百年，《本草綱目》既然說到梳頭的事，可見梳頭這件事，是在醫學的範圍之中的，應該說，是中國傳統醫學之中吧！

現在梳子種類很多，物品總以天然材料為佳，超過化工製品的效果。

那天說到梳頭這件事，宏忍師說，她雖沒頭髮，但她也天天梳頭。當然囉！她用的並不是常州產品，只是一個普通的木製梳子罷了。

二〇一六年四月十五日

四十九、新書消息

折騰了一年多，南老師所講的那本密宗大圓滿一書，終於在前天印好了，書名簡稱為《大圓滿禪定休息簡說》。全書五百頁，由台灣南懷瑾文化公司出版。現在先將出版說明介紹給大家看吧：

二〇一六年五月一日

出版說明

一九七九年的六月，南師懷瑾先生開了一門課，講解密宗的一個法本，就是《大圓滿禪定休息清淨車解》。

南師雖為貢噶上師認可，具備傳授密法的資格，但在台灣居留的三十多年之中，始終不太願意傳講密法，他說：「我反對一般人學密宗，因為不把禪宗修成，不到達禪宗明心見性這個階段的，去學密宗，沒有不走入魔道的。」

先生又說：「我要有精神的話，就把密宗所有方法的錯誤之處，都講出來，他們執著在哪裡？同樣是受陰境界。」其實在本書中，先生也已經講了不少。

這次為什麼會講密法呢？因為是應「大乘學舍」出家眾之請；也因為這個法本是有關禪定方面的修持。修禪定是各宗派共通的法門，所以，這次是以佛法的立場來講的。參加聽課的人，除出家眾外，在家人更多，編者也是聽眾之一。

先生在講這門課時，一反往常，十分嚴厲，蓋因出家眾是以修行為主，所以先生在講解時，常警語連連。如說：

「學佛學道的原則，就是反省的工夫，反省的學問，也就是檢查自己內在最深處的行為科學。」

「你們哪有資格學佛！平時講道理，牛吹得那麼大，種的是惡道的業。」

「講白骨觀已告訴你，你們不但我慢貢高，這四個字對你們太客氣了，說真話，只有兩個字：混蛋。」

「在座很多學佛的，哪個夠條件？都是求智慧，求增壽增福，想進帳。」

「那個住茅蓬的和尚，幾十年也沒有把道理弄通！戒行好，行持好，理不通又有何用？」

見地方面，先生說了一句極重要的話，他說：「一般人都把境界當成道，但是，覺悟實相般若的『覺』，可不是境界」。並且說，「如不能頓悟，（這個法本）告訴你如何漸修。」

這次講課不准錄音，以免隨意傳播，斷章取義，反而好心得惡果。但出家眾須寫筆記，並繳呈先生批閱。

這本書是根據多人筆記整理而成。在全部十八講中，前七講是經過先生審閱批改的；後十一講則難以確定。所以在整理過程中，多次反覆與宏忍師共同檢閱筆記文稿，並與其他筆記對比參酌。其中以禪定尼師的筆記較為詳細完整。

三年多前先生在時，宏忍師已將記錄稿集中核校，再由邱珍珍、烏慈親二位女士輸入電腦存檔，本書內容小標題則為編者所加。這本書得以出版，幫忙的人不少，在此一併致謝了。

此書出版印行時，簡化書名為《大圓滿禪定休息簡說》。另南師於一九四五年曾受密教三壇大戒，戒牒副本附錄於書後。

劉雨虹記

二〇一五年四月於廟港

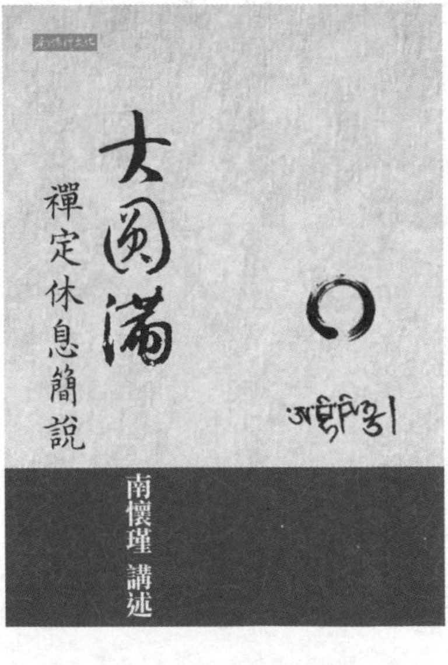

五十、憶當年在台灣

看到台灣公視播出的「民歌40」，令人心曠神怡。那些四十年前唱民歌的年輕人，現在雖然已是六十歲上下的半老人士，但大家能相聚一起，再唱年輕時自己所唱的歌，真是一個特殊又奇妙的場景，令人回味無窮。

這些又聚首，再唱民歌的半老的一群人，有的頭髮全白了，有些半白了，有些胖了，有些尚能保持少變，與年輕時差不太多。他們大家的穿著，多半自在隨意，在舞台中自然的走動著，唱著四十年前自創的民歌。

好快樂啊！那可不是表演，那是瀟灑愉快的唱著自己內心的回憶和感覺……有時似乎沒有什麼板眼，但是不妨，因為那是鄉土的味道，是生活的氣息，是悠然自得率性的流露。

在這一大群唱民歌的人中，有李宗盛，趙樹海，葉佳修，蘇來，李建復，王夢麟，黃仲崑，齊豫，潘越雲，金智娟，許景淳，楊祖珺，黃韻玲……

他們唱著羅大佑的〈童年〉，葉佳修的〈外婆的澎湖灣〉，梁弘志的〈讀你〉〈恰似你的溫柔〉，還有李泰祥作曲，三毛作詞的許多歌。

台灣的民歌起於六十年代之末，那時的台灣，經濟已經起飛了，社會上一片欣欣向榮之氣。校園的學子們，生活安定，心情愉悅，自然唱起歌來，也寫出自己內心的喜悅和感情，生活和戀愛，他們的目的不是要當歌星，而只是因為自己喜歡。

想不到的是，他們之中，許多人也就進入了流行音樂的行列，創造了一個時代，創造了奇蹟。

這些輕鬆自在唱著民歌的一群，沒有艷麗奇特的裝扮，沒有特殊設計的姿態和動作，旁邊更沒有群魔亂舞般的一群舞者搶風采，而最最難得的是，沒有一般歌唱節目那些五光十色，使人眼花撩亂的閃光照射。

民歌40這群歌手和作曲者，只是自我陶醉般的隨興唱著，一時之間，使人似覺沐浴在晴朗清新的綠色田野之上，那裡，鳥兒在唱，魚兒在游……

怪不得孔夫子要刪詩書，訂禮樂，詩和歌是時代的反映，人民的心聲，與社會風氣的移轉息息相關。

不知從哪年哪月起，人們的生活不再清純，開始生活上的濃妝艷抹，人們本來的自己漸漸消失了，只剩下一個假的，偽裝的自己。連食物也塗上了裝飾，空中瀰漫著空氣之外的氣味，人開始說起了假話，賣起了假藥，印起了假鈔……只有毒品是真的，詐騙是真的，人們離開真正的自己也愈來愈遠了，莊子所說的真人已無處可尋……

民歌40最後出場的，是作曲人楊弦，他彈著吉他，與全體歌者，一同合唱了一首歌。

楊弦，也是替南師譜曲的人，就是那首南師作詞的〈聚散〉。原來南師也與民歌結過緣！在那個美好的時代，在那個美麗的寶島台灣，那時沒有太多數典忘祖的人，也沒有太多認賊作父的人……

二〇一六年五月十五日

五十一、修呼吸法門的人

自從《南師所講呼吸法門精要》這本小書出版後，三年來，不斷加印，也因曾連續數月在暢銷排行榜之內之故，可見讀者很多。

一本書的暢銷原因太多了，基本上南師的著述都暢銷。可是，南師的經典著作《禪海蠡測》，並不暢銷啊！可見時代不同，讀者的愛好和習慣都在改變，有時與內容毫無關係。

這本呼吸法門的小書，能夠獨領風騷，暢行無阻，頗令人驚歎。大概一方面是因為書小易讀，書價便宜；一方面因為速食文化流行，想修行的人，誰不想速成啊！看到「精要」二字，不免想到有重點，足以速成了。

其實「精要」二字，是楊總編的靈感，也很切題。原定書名只是「南師所講呼吸法門」，加上「精要」二字，頗有畫龍點睛之妙。聽到依照此精要修呼吸法門的各式形形色色，十分有趣。

有人自稱，書中十六特勝都記熟會背了，每次修法都按次序修練十六步。

有人則說已修成功了一半；有人則是在數息和隨息之間遊走徘徊；最好玩的是有一個人說，已經達到了知息出入、長短的階段了，只不過，忽然又亂了，只好又重新由數息開始……

也有人說，有了問題向學法上師請教，上師只說一句：「多念咒吧！」當然這也難怪，連唐朝禪宗那麼風光時代，仍然有「大唐國內無禪師」之歎，可見「師」之難得，也可見修行之不易，否則不是活佛滿街走了嗎！

再回頭說呼吸法門吧！也有一個人說到自己的心得，頗令人有感。他說自己修的是第一步數息，想把基礎打好，試了許多方式，後來發覺一定要從十倒數到九八七六……才好，往下數則氣有下沉的趨勢，易於達到氣沉丹田，達到專一，能專一，久之自然就隨了。

有人聽了他的經驗心得，嘗試亦覺得力，所以修法常因道友交流而得益。當然，這只是個人心得而已。記得初學修定時，聽南師說了一大篇，自己一句都不了解（因為我是鈍根嘛），聽了同座中林中治說了一句，反而明白了一點，證明道家所謂「法財侶地」之中的「侶」，是不可輕估其重要的。

那人據說還說了一些對修行的看法，認為不可急求進步，進步是水到渠成的，是功到自然成的。這雖是老話，倒也說明修法要腳踏實地的重要性。

古代文人，打坐修呼吸法門的不少，常有「一坐數千息」之自白，南師常說他們是學會計的。有人試做數百息，當即發現那只是一個會計的計數工作，似與修專一毫不相干。

所以修行百千三昧，有趣吧？

二〇一六年六月一日

五十二、南師的手記

記得是七〇年後，尼克松已經拜訪過大陸了，南師在台灣透過親友輾轉從法國收到溫州家中的來信。南師說，知道兩個孩子舜釧跟小舜在祖父的教導下都很規矩成長，心裡很覺欣慰。老二小舜竟然自學成醫，更是令人高興。前幾天小舜哥來和大家會面，每次來我們都請教他醫學方面的問題，很有收穫。這次因為是跟國熙同來，他們走後我忽然想起來一件事，就是二〇一一年，老師接到國熙的消息，二師母在美國過世，當天老師曾有手記如下：

農曆三月十六日

西元四月十八日

午後一點，理髮畢，接國熙電報知其母楊曉薇於昨夜凌晨逝世。據二女聖茵說，老病不堪其苦，終於留言聖茵，當勿打擾離世。

我聽後，為其一生遭遇不禁惻然。並答覆國熙，我對不起你。這一切辦理生前身後事，皆由其負責辛勞出錢出力，任勞任怨，普護照應大陸及美國兄姊。國熙一生真是善為人子，難為孝悌之人。

南師那時因視力欠佳，字跡較為潦草，原手記如下。

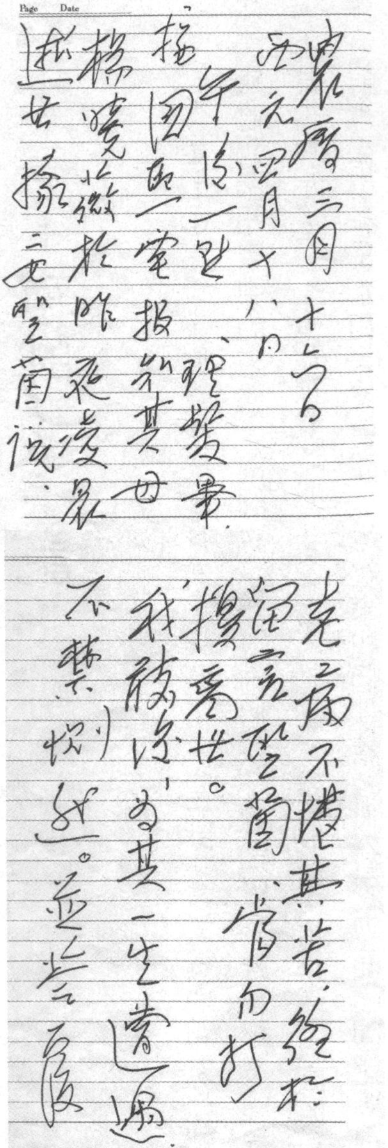
農曆三月十六日
西元四月十八日
午後一點，理髮畢。
接國熙一電，報知其母
楊競薇於昨夜晨
逝世。

老病不堪其苦，終於
留言
擾當世。
我聽後，為其一生遭遇
不禁惻然。並答覆

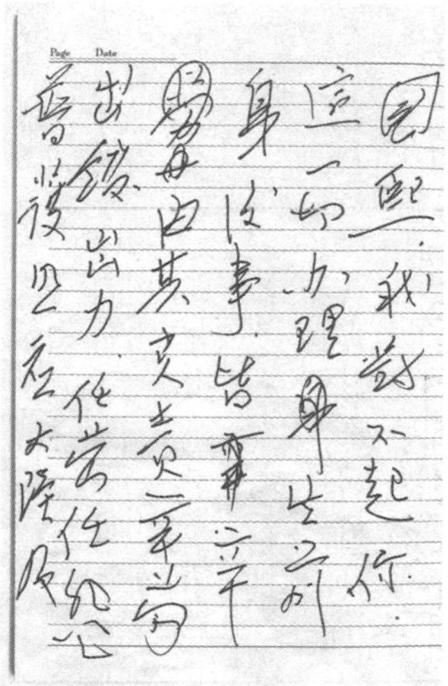

國熙，我對不起你。
這一切，办理[illegible]生前
身後事，皆[illegible]
[illegible]由其夫妻二人出面
出錢，出力，任勞任怨
[illegible]

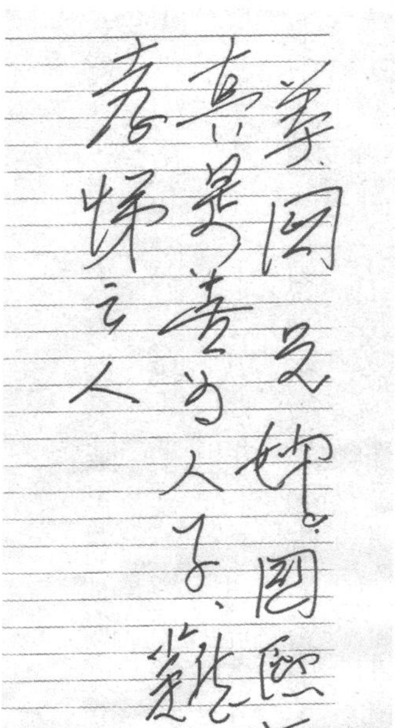

華國兄妹，國熙一生，
真是善為人子，難[illegible]
夫婦二人

南師共有六個子女，回想起來在台灣時與二師母的四個孩子皆甚熟悉。一九七七年我到美國時，還親自到西點軍校去看望國熙呢。

二〇一六年六月十五日

五十三、我的皇太后生活

人生的變化真是不可預料，我既非皇太后也沒住在皇宮，但是最近這些天來，卻像皇太后那樣的生活著，刷牙洗臉都有人在旁幫忙，一切吃喝日用等事都有人打理，每日還有人專門梳頭，真使人覺得像是生活在皇宮或者是《紅樓夢》的大觀園中，又覺得如在夢中。

為什麼會這樣呢？大概老天爺覺得我太忙碌了，故意給我製造一個機會，讓我休息休息吧！

真實的狀況是什麼呢？說句老實話，那一天雨過天晴，看到陽光明媚，我就到院子裏散步。走到花叢之間，因路面濕滑，我的手杖不穩，使我跌了一跤，左腿著地。大家看到都從屋裡跑出來，七手八腳把我抬進屋內，經過一番按摩，幸虧傷勢不重。到了下午，因為宏忍師不放心而聯繫各方，晚上十一點，請來了一個中醫骨科醫生，經過針灸治療認為並無大礙，但仍建議拍片檢查。於是第二天又在廟港衛生院拍了片子，好像是與舊傷有關，幸而是有裂而未斷，傳統休養治療即可，於是我便過著皇太后般宮廷的生活了。

這些周圍照應我的可不是太監宮女啊！他們可都是不平凡的人物，後來還有各方中醫西醫專家，乃至於醫院的院長等，都前來會診，幾天之中好不熱鬧人也，更是我一生特殊的經歷。

我平生最怕麻煩人，此次受到這麼多人的關心與照顧，深感慚愧不已，自己何德何能啊！如此麻煩大家，得到如此多的關注，慚愧呀慚愧！

想到上報四重恩這句話，其中眾生恩一事最難理解，人一生之中隨時都在麻煩別人，都在接受他人的關愛，眾生恩啊！

禪宗有一句話：「念身不求無病，身無病則貪欲易生」。南老師則常說：「修行不求無病，體無病則誓願不堅」，可見世事常常有弊也有利。趁此機會反而可以修一修白骨觀了。

二〇一六年七月一日

五十四、我說太湖大學堂

天下事很奇怪，對於有些不太瞭解的事，忽然因意外的機緣，使人知道了真相。

譬如南老師的太湖大學堂的事，老師走後一年左右，開始打起了官司。為什麼打官司？真實的原由我並不清楚，因為我只是與老師的文字有關，各種其他的人與事，我並未涉入，也沒有去關心，因為太複雜了。所以老師身後的糾紛與官誹，我也像一般大眾一樣，不太瞭解，也弄不清楚。同時也認為，交給法院也好，可以把事情弄得更清楚一點。

三年已過去，坊間流言各種說法，千奇百怪，荒腔走板，令人啼笑皆非。想不到，這些天來，由於跌倒而過著皇太后的生活，空閒多了，才能瞭解一些實際的內幕。事實上，我認為，此事是很簡單的。

先說和太湖大學堂有關的資產吧，其中涉及三個部分：

（一）是老師獨資的吳江太湖文化事業有限公司（包括下屬的太湖大學堂和吳江太湖國際實驗學校）。

（二）是老師的私人藏書和私人衣、物、文稿等，純屬私人。

（三）是在東西精華農科（蘇州）有限公司名下的，大學堂所在的這片土地和建築等。

關於（一）（二）這兩部分，依法應由南師子女繼承。據說目前涉及法律訴訟的，也就是這兩部分。南師子女在老師去世不久，就宣佈將要捐贈公益，這也符合老師利益天下社會的精神。但因李氏一家仍然掌控著大學堂和實驗學校等等，而法律責任卻落在南家子弟的身上，所以南家子弟不得不提出告訴吧。

記得老師過世幾天後（十月五日），在李家與南家子弟和見證人（李、牟）所簽的備忘錄中，李家承諾一個月內提供老師有形、無形資產的書面材料給南家，但不知為何卻變卦不給，有些奇怪，之後又發生了一些令人費解的事，也許這就是法律訴訟的起因了。

關於第（三）部分，東西農科的法人代表董事長一直是老師，老師去世後，在大家不知情的情況下，變成了李傳洪的外甥女郭姮妟。

這部分的建設款項四百多萬美金，加上後續的三千萬人民幣，老師曾在辦公室公開說：「是尹衍樑拿出來的。」後來也有老師與尹衍樑的對話錄音。如果是尹衍樑捐贈給老師的，老師是用作公益使用。如果是投資的話，也應由尹氏出面說明才好處理。

素美、傳洪姐弟，最初也是誠心支持老師的文化事業的，像一九八五年，在老師急於離台時，是傳洪安排一個美國學術團體的邀請函，才解決了老師的出境赴美問題。這是一件功德事，就算希望得到一些回報，也是可以理解的。

我從一九六九年起，親眼看到過許多許多出錢又出力的支持老師文化推行的人（我也是其中之一）。在這些人之中，有人要回報，多數人不求回報。我可能是要回報的，而我要求的回報，不是物質層面，而是金錢買不到的。譬如常打電話向老師求教，以解決問題之類的。尤其是有一次更為荒謬，老師派人送我一本《佛祖歷代通載》，我看了萬分高興，反而怨老師為什麼不早給我，於是就去辦公室對老師說：

「這麼好的書，老師你為什麼現在才送給我？」

老師當時與李淑君二人就大笑起來，老師說：「這本書是剛剛印出來的啊！」有像我這樣莫名其妙的學生嗎？

供養老師不求回報的人很多，現仍在世的，我所知道的，大概還有數十人之多。

是眾生滙聚的無私奉獻力量，使老師對文化的努力才有今日的成果，不求回報的眾生啊！有這個做功德的機會，多好！

再說，天下事的解決最好符合四個原則：合法、合理、合情、和平。人與人之間並沒有深仇大恨啊，把情理法想明白不就好了嗎！

二〇一六年七月十五日

五十五、真假漢奸

漢奸就是漢奸，還有什麼真假嗎？當然有！天下事都有真假之分。

每年到了七月，總會想到七七事變那一年——現在又說老話了。想起抗戰，又會想到抗戰時的種種一切，尤其是大家痛恨的漢奸。

漢奸二字在抗日戰爭前後特別嚴重，凡是幫助敵人的行為，統稱為漢奸的行為。當時演的抗日話劇，其中漢奸角色多半是拿一面鏡子，在屋頂上反照給敵人飛機，以指明方向。像此類的漢奸，只是一些無知愚人，貪圖芝麻小利為敵人打工，還不能算是賣國求榮。

抗戰勝利後，好幾個大漢奸經過大審判伏法，他們是戰時參加華北偽政府的殷汝耕，南京偽政府的汪精衛、陳璧君夫婦，以及周佛海等人（汪精衛已於勝利前逝世）。

一九四六年對日偽時南京政府大漢奸們的審判轟動一時，但奇妙的是，坊間卻有一股暗流，認為這些人只能算是假漢奸，原因是他們的動機不同。

說他們是假漢奸的認為，由於抗戰中期，戰事失利，華北及沿海大部分地區，都已被日軍占領，老百姓在日軍的高壓統治下，苦不堪言，而汪精衛等這一些人，情願投靠日本，去擔任淪陷區人民的領導，居中協調，以減低同胞們的痛苦。所以他們是為幫助淪陷區的同胞們，甘願背負漢奸之名，故而說，他們這些人是假漢奸。

另有一種說法是，這些人對抗日戰爭沒有必勝的信心，認為必定會亡給日本，不如及早掌握情勢，加入偽組織吧！所以說他們的目的不是幫助敵人，而只是適應趨勢變遷罷了。

當然，這也算是一種豪賭，如果抗戰真的失敗，則變成階下囚的，反而不是他們，而是蔣中正和毛澤東了。

反正不論如何說，有人認為他們這批人不能列入真漢奸之流。

什麼是真漢奸呢？

有人說抗戰前所謂的「高麗棒子」（指東北的少數夥同日本的朝鮮族人），以及「福建浪人」，當然是不折不扣的漢奸，因為他們幫助倭寇殘害自己的同胞。不過，他們仍是小咖，有一種漢奸是超級大咖。

大咖漢奸的行為是什麼呢？有個人說得最妙，說這種人，披著民主選舉的外衣，與外國私結同盟，賤賣祖產，將國土島嶼，暗交他國。對內則恐嚇刁難漁民百姓，實際上是開門揖盜，賣祖求榮。

這才是真正大咖漢奸。分明是中華兒女，卻認賊作父，原想賣祖求榮，結果落得個自取其辱，還要唾面自乾。

不過，我不相信華夏子孫有如此不堪的笨蛋，袁世凱也不過與日本簽了廿一條，並沒有「自我殖民」，把別人當宗主國啊！能有人比他更惡劣嗎？一定是誤傳吧！

中華兒女萬歲！

二〇一六年八月一日

五十六、一個宗教人

看到台灣報上的消息，周聯華牧師，九十六歲，幾天前在台北去世了。說起周聯華牧師，那可是蔣介石時代的著名人物。但他的著名，可不像什麼結交權貴，或為境外勢力操弄台灣政治一類的人物那樣，他只不過是一個平實自然而誠敬的基督教牧師而已。

他的特殊之處，是在人本位的基礎上，在生活的點點滴滴上，闡揚所謂的基督的仁慈博愛精神。而這種精神，同時也是其他宗教所共有的。這算是我個人的淺見吧。

記得多年前，在台北，偶而經過離自家不遠的新生南路，看到教堂門口的佈告欄，有周聯華牧師的講道題目，覺得很有意思，就進去聽講了。

周聯華牧師本來是講基督教道理的，但卻沒有什麼宗教氣味，只聽他娓娓道來，所說的內容，是一些生活上的見聞，在平實自然中，所說不離中華傳統的誠敬和仁愛，很使人感動。此後我也就常去聽他講道，因為我什麼教都信，什麼教也都不信。

當時台北士林，有一個教堂，是蔣介石和宋美齡夫婦週日去作禮拜的地方，而每週日主持禮拜講道的，正是周聯華牧師。也有些達官顯貴，改信基督，每週日趕來作禮拜的。不過，他們當然不是為周聯華而來的。

一九七五年清明節，蔣介石逝世，他的喪葬典禮節目中，當然離不開周聯華牧師。豈知竟有匿名向當局報告周聯華是匪諜（共產黨情治人員）者。有趣的是，消息傳播開後，不少人都說那是宗教界人士幹的醜事，因為蔣介石幼年常隨母親到奉化雪竇寺唸佛，所以認為他是佛教徒，由於要娶宋美齡才假裝信基督教的。

當然這是一樁笑話，聽說查明後還給周聯華清白了。怪不得古人說，自古「文人相輕，江湖相仇，宗教相忌」！

大約是二〇〇三年，南師門下的學友杭紀東，在結婚典禮上的證婚人，也是周聯華牧師。典禮過後，周牧師來不及參加婚宴，就匆匆趕赴機場，飛到美國，為了主持宋美齡女士的葬禮宗教儀式。

據說周聯華平時生活簡樸，雖九十六歲，仍自己開車。那天路途不適，送至振興醫院，搶救無效，走完了九十六年的人生。

周聯華一生的行事作風，所呈現的是中華傳統的人文情懷，是宗教的基本精神，令人讚歎，也令人景仰。

二〇一六年八月十五日

五十七、兩本新書

（一）大圓滿禪定休息簡說

今年的五月，南師懷瑾先生所講解的密宗紅教法本《大圓滿禪定休息清淨車解》，台灣由南懷瑾文化公司出版了。（書名《大圓滿禪定休息簡說》）可能因為這是唯一的一本南師講解密宗法本的書吧，現在學密法的人很多，所以此書一出，一時「洛陽紙貴」，讀者們皆欲先睹為快，一個月後就趕印二刷了。

兩月後的八月中，又需要加印了。於是趁此機緣訂正錯別字，再印就是第三版的書了。

東方的簡體字版尚未上市，但在付印前，已收到我們的訂正資料，所以九月上市的簡體字版已經是修訂過的版本了。

現將台灣繁體版的訂正資料公佈，以便讀者自行改正手中已有的書，不必再買二版的書了。

頁	行	更正前	更正後
127	5	就是無一	就是無二
143	1	今天是布薩	今天是「布薩」（加引號）
208	最後一行	疲勞的時後	疲勞的時候
213	倒數第 4	煉氣化神	煉精化氣
225	倒數第 4	溈仰大師	溈山大師
403	最後一行	制心一處得止念	制心一處得正念
434	6	內文漏三句經文	第 6 行開頭處增加「執明、修大不執力，明邪、昏沉觀清心，掉散、合目於心內」
486	最後一行	自然由內現」	自然由內現（引號去除）

（二）孔子和他的弟子們

這本書能在兩岸迅速同時出版，背後還有一個故事。

因為今年初已有外文局擬定將《論語別裁》譯成英文出版，至少國外遍地的孔子學院，都應該有這本書的英文版，其實，翻譯工作已在進行了。

想到中文譯成英文，以個人經驗，頁數會增加三倍至四倍，這樣巨大的英文版《論語別裁》不太可能普遍流通於社會。於是想到南師這本只講《論語》六篇的小書，最適合譯成英文流通。

有人說《論語》二十篇中的前四篇，已是《論語》的孔學的中心，而〈里仁〉篇則為孔門的極致。

現在的社會，讀書的人少，看手機的人多，相信在發揚傳統文化的潮流中，這本小書尚可能發揮一些作用。

新書難免有錯別字，現將訂正列出，其實最重要的，只有〈里仁〉篇的錯字。有些詩句與《清詩評註》版本不同，因為南師常順便改前人的詩，有時南師所改反比原詩更傳神。

二〇一六年九月一日

頁	行	更正前	更正後
6	倒數第 5	云輦留連	雲輦留連
82	5	則忠，	則忠；
84	6	唯有這一則講信	唯有下一則講信
115	倒數第 4	志士棲山	志士山棲
115	倒數第 3	不須更說嚴先輩 直至巢由錯到今	不須先說嚴光輩 直自巢由錯到今
127	6	苟至於仁矣	苟志於仁矣
131	3	苟欲仁時	苟欲仁時
136	5	苟至於仁矣	苟志於仁矣
138	倒數第 4	綬紫縱榮	紫綬縱榮
154	倒數第 4	魂如化去	魂應盡化
208	倒數第 6	願得廣廈千萬間	安得廣廈千萬間

五十八、那年的禪七

想起多年以前，南師懷瑾先生在台灣的時候，差不多年年都主持禪七，似乎成為一個常規了。後來有一次，我問南師，在台灣主持禪七那麼多次，哪一次是比較成功的呢？

南師聽了我問的話，略加沉吟了一下說：「就是剛遷到蓮雲禪苑那一次吧！效果比較好。」

南師並沒有說那次的禪七成功，只是說效果比較好罷了，更沒有說很有效果。

說到蓮雲禪苑一九七三年那次的禪七，已經是四十多年前的往事了。那次參加的有三十五個人，其中還有一個中文很好的美國人，名叫白慕堂的，另外還有一個西藏剛到台灣的，名叫德吉的女士。

老師另有一個美國學生，也姓白（White），中文名叫白中道，曾在一九六八年，也參加過南師主持的禪七，那次是在北投的靈泉寺。

關於這位德吉女士，在此次禪七最後結束時的發言，震撼了全場，大家的各種反應，和彼此的互動，攪動了人們的身心靈，那個情境實屬罕見。

蓮雲禪苑這次禪七過後，集合了參加者的禪七報告約十幾篇，編為禪七專刊，刊登在《人文世界》月刊上。

近年來，禪風漸盛，對學佛有興趣的人更為普遍，想到南師所說此次禪七較有效果之言，不免重新找出禪七專刊，編整出版，並定書名為《跟著南師打禪七——一九七二年打七報告》。

禪七的記錄以往已有不少出版，多數是記錄禪七時，老師如何說，以及老師與學子們的對話等。但這次的禪七專刊，只是參加者事後的自我表述而已。

由於參加者老少不等，中外皆有，背景又各自不同，所以文章亦各有千秋。不過，其中自然反應出南師的點撥和啟發，如當一般散文去讀，也可能別有一些趣味呢。

這次禪七報告，曾被收錄編輯於《習禪散記》之中，此書中所有資料皆為轉載，卻未標明來源。

總之，既然南師說此次禪七有些效果，那就應該把這個專輯特別印行出版，以供讀者參考，為什麼老師會說，此次的禪七比較有些效果。

再者，我雖參加了此次禪七，但當時未及寫報告，事後曾寫過此次禪七的感想和經過，後來收集在《懷師——我們的南老師》一書中，可能有人看到過了。

說到《懷師》這本書，從未出版過簡體字版，最近有業者有興趣出版，也許年底前後能夠印好，而這本新書《跟著南師打禪七》，也希望年底前可以印妥。

二〇一六年九月十五日

五十九、從前的一些事

人的情緒很奇妙，一旦想起從前的事，就會聯想到那些當時的許多事。前些天想到一九七二年蓮雲禪苑的禪七，不免又想到在那之前的禪學班的點點滴滴。

禪學班的學員之中，年輕人較多，當然都是對禪宗有興趣或好奇的一些人，南師上課介紹了《指月錄》的許多公案，對知識份子而言，有吸引力，也有機趣，所以大家反應都很熱烈。

記得有一天，有一個人來問南師，為什麼那些大禪師說法，常常不按照經典？好像想怎麼說就怎麼說。南師看了旁邊的孫公（毓芹）一眼，尚未回答，孫公就先說話了。他說：你知道嗎？禪宗叢林寺院，有方丈大和尚，也有義理師。

義理師是精研經典的大師，應該算是佛學專家，而大和尚則是有修有證的大師，以說法教導學人，引領學人超凡入聖，大徹大悟的。

講解佛學的義理師，對佛學知識層面深入，譬如講到玄奘法師吧，對他的家庭、師承、生活一切資料，十分詳盡精確。

但是一個傳授佛法的大師，專注的是玄奘修學求法的內容，以及佛法方面的心得成就和貢獻。

這是佛學與佛法的不同，傳授佛法的大師，自身是有修持經驗的，在他說法的時候，對於知識層面的細節，並不特別注重；而義理師則對細節也絕不忽略。

南師聽到孫公對年輕人的解說，只對那個青年說了一句，「你明白了吧！你是想學佛學呢？還是想學佛法呢？」

那個年輕人傻笑了一陣，沒說什麼。這一幕回憶起來，歷歷在目，而當時的我，因為是禪學班的旁聽生，聽了孫公一番解說，對於後來南師不拘小節的說法方式，才能略加了解。

聽說汪道涵先生曾說過一句話：「南懷瑾先生的偉大處，是把殿堂中少數人了解的學問，介紹給普羅大眾，讓大家都能了解。」

怪不得南老師自己也曾說過，「我是用說書的方式講解的，希望人人能懂，人人得益。」

南師又說，他的興趣不在考據，而在文化內涵的教化和修養。

二〇一六年十月一日

六十、老人跌跤有感

活到老學到老這句話，真是太妙了，當然啦！那是古人的經驗嘛！其實，到老才明白，這句話好像也另有含義，就是說，人活到老的時候，才會對許多事和理，真正明白了。

學到老可不一定是人老了要多學，像手機，還有各種新玩意，都要去學。活到老當然應該日日新又日新，才不致落伍於社會人群。那是好事。

但天下事，有許多年輕時不真明白，活到老時，才領悟許多道理，而那些都是年輕時不太能理解的事。

比如說吧，摔一跤在年輕時不算什麼，爬起來就是了，年老的人摔了跤，可就成為一樁天大的大事了。

美國近年來，特別在醫院設立老人跌跤急診部門，重視老人的跌跤，因為牽連太多併發的問題。

首先是人年老了，不免骨質疏鬆。而兩腿逐漸無力，則是人老的先兆，一旦跌跤，那真是天下大亂，全家不得安寧。如果是開刀修補，較快復原，尚稱幸運；如果是臥床固定姿勢不動的辦法治療，那可真是苦痛下面加上兩個字萬分。所以，八九十歲的老人，一旦跌跤送進醫院，大多數都是精神先已崩潰，臥床一些時日，則心肺功能衰竭而逝。本來想醫好跌傷，反而因治療而魂赴黃泉。

有些傷者採取保守療法，在家臥床，傷筋動骨一百天的過程中，子女關心的是受傷部分的照應，而忽略了老人因跌傷而產生的身心突然變化，以致生活錯亂，飲食無味，排泄障礙，更會脾氣暴躁不安，所以有百日床前無孝子之歎。

有些傷科醫生，則以身心整體考量為原則，不求急進，尤為重視湯藥，以氣脈流通，五臟六腑運作調和為首要，才能身心合作共渡難關……

不過，有些情況卻是奇特難解……，舉例來說吧，有個女性高級知識分子，九十二、三歲時跌跤骨折，住進大醫院，一條腿吊起來，全身不能動。

不久即小型中風，捱到大約兩個月的時光，已口齒不清，說要轉院，家人辦出院，擬轉另一家大醫院，因非急症而拒受。無奈之下，女兒對她說：「媽媽，你不是想回家嗎？我們回家吧！」她很高興就回家了，家人以為她可能是要死也死在家中的想法。這位老人是不信任何宗教的，想不到，她卻好起來了，又活了差不多十年，一百零二歲才走完人生。

這是什麼道理？如果你徹底放下了，不理身體的傷痛，那算是心能轉物嗎？誰做得到？如何做得到？

想到清詩中的兩句「到老方知非力取，三分人事七分天」，人力是很微弱的，天意又是什麼啊？

回想自己跌倒那天，友人偕醫生於夜十一時半趕來救治，除醫術不凡外，熱切溫暖鼓勵之情，雖千言萬語難表內心之感動，這也是天意嗎！謝天謝地啊……。

二〇一六年十月十五日

六十一、關於《大圓滿》這本書

南師懷瑾先生的《大圓滿禪定休息清淨車解》講解記錄，自從五月出版後，陸續聽說有些質疑和評論的文章出現，說明這是一本頗受關注的南氏著述。

這本書共十八講，前七講的記錄稿有多處南師修正的紅色筆跡，其餘十一講，抄寫整齊，極可能因南師修訂處繁多，故而加以重新抄謄，只是我等不敢下斷語而已。再以南師對記錄的重視習慣而言，不可能只審閱部份記錄。在十方書院時期，對於數十名學員的報告常批閱至深夜，一定要全部看完方休。

多年以來，南師對於外界的一切評論，乃至惡意編造之事，一向不加回應。可能認為，口舌之爭不能說明一切，是非曲直，並無固定標準，對於他人的說辭和意見，理應予以諒解、包容和尊重，所以不加回應。

我自一九六九年從學南師以來，始終只參與文字方面的編校工作。外界有關對南師諸事的質疑，我既無學養回應，更無資格作答。只不過，在多人的建議下，現在趁此機緣，就把一些與此有關的資料，以及自己所知道的事項等，略加說明吧。

（一）一九九九年，在我撰寫《禪門內外》時，南師託人從香港帶給我一個文件（副本），是一張證書一類的密宗上師發出的文件，可能就是包卓立見到過的。

文件中列名六人，除南師外，還有一位修學密法的女士，後來她也曾在台灣傳授密法。

此次印行《大圓滿禪定休息簡說》時，原擬將此文件附於書後，無奈遍尋無著，只得以戒牒代替作為附錄。因有人稱，密宗的三壇大戒是很嚴重的，非泛泛一般修密法者所可領受的。

至於那張密宗上師所發的證書，原件應該在南師的遺物之中，將來一定會出現的。

（二）南師受戒的年齡分明是廿八歲，為什麼戒牒上是卅歲？我生於一九二一年，也是那個時代的人，但我許多的資料都是早兩年出生的。在那個對日抗戰時期，許多事沒有太大規範，也沒有身分證，自己可以隨意填寫年齡。南師年輕練兵，也曾故意填寫自己多幾歲年齡，以示老成。

所以，以現在標準判斷抗戰時期的事，是有差距的。

（三）南師於一九四三年初春，在袁煥老的家中度春節後，前往峨嵋山擬閉關三年。到了一九四五年秋，突接密報，謂有人意欲加害，故匆忙離山返回成都。南師曾說，那時日本剛剛投降，時在八月中旬。

南師返成都後，繼續在五通橋閉關以滿三年之願，受三壇大戒之事是在當年（一九四五）的十一月九日（農曆十月初五）。

（四）一九四六年初，三年閉關結束。是年南師曾「走康藏，參訪密宗上師」（見南懷瑾年譜）。

（五）由於法國早已將西藏密教一些典籍譯成法文，南師所用自由出版社的《大圓滿禪定休息清淨車解》一書，據說是法文譯成中文的版本。

（六）學藏密是否應從學藏文開始，似乎是一個有意思的問題，西藏密宗也是從印度傳去的啊，也是佛法的一支。漢地學佛有成就者不少，多數沒有學過印度文，六祖甚至是個不識字的人啊！

（七）初學密法者，想成就至少要花十年二十年的講法，絕對有道理，但是，如果是一個學禪有經歷的人，學密法也許不必從藏文開始連續十幾年吧！《楞伽經》上說，大乘菩薩的工夫有十地，但智慧猛利的人，可以一下頓悟，似乎說明，時間上沒有硬性規定，主要可能是根器問題。

（八）南師一生是佛法的實踐者，不是研究佛學的學者，超凡入聖的修習和生命科學的參究，是他一生的努力，至死不休。

二〇一六年十一月一日

六十二、也說川普

美國人選他們自己的總統，卻攪鬧了全世界好幾個月。那天飯桌上我們六個人，也參加了討論，最後大家以一百元人民幣賭輸贏。三個人認為希拉蕊勝，我和另二人認為川普會贏。在揭曉後，我們三人各贏一百元。

我們沒有選舉權，故而認為的勝負，不是心中支持誰，所以賭希拉蕊勝的，也是根據各種資料的綜合判斷，如媒體、民調、辯論、人品等等，認為希拉蕊作風不會令人意外，或荒腔走板，況且全世界領導人都漸由女性取代，所以賭希拉蕊贏也算很合理的。

而我們賭川普勝的，是從另一個角度判斷。由於世界的潮流在反常變化，菲律賓選出了像黑道一樣的總統，還有人說他是羅賓漢呢！為民除害，不願被利用作美國的馬前卒等等。

再看英國脫歐的投票，也大出意料而翻盤了。總之，世界的趨勢走向一反平常，所以一切不可以常理計。

進一步再看國際局勢，記得季辛吉在二〇一四年出版的《World Order》（中譯《世界秩序》）一書中，曾說中國的國勢在上升，美國的國勢在下降。所以，美國選舉結果一定是對中國較為有利，對於天天動腦筋對付中國的日本，以及韓國，當然是不利的，以此推斷所以川普會勝。

美國統治的都市精英階層，長期忽略中西部的人民，和中產階級，以及勞苦階層，加之分配不均，積怨日深，時間到了當然反彈。總之，大勢至菩薩來了，誰也抵擋不住。

其實，這就是中國文化所謂的陰極陽生，陽極陰生的道理。美國自認不凡，扮演世界警察，干涉別國內政，攪得世界大亂，自己子弟也犧牲不少，世界不但沒有平安，反而更亂，真叫損人不利己，當然會有人倡導先管好自己家園，不再當國際警察了。

有人說，川普的行動，是挑戰民主選舉制度，因為這個制度早已被人以民主之名掌控利用了。

其實，民主與獨裁，各有優點與缺失，關鍵仍是人的因素，所以我們傳統文化的內聖外王之學，首重人的培養。人格修養高超，才會有合格的領導人出現，所以家庭教育，學校教育，社會風氣……統統有關。

湊熱鬧談美國選總統，賺了一百元，並不是認為川普好或不好，只是感到一切都在變，能掌握先機，從高處著眼看世事，自然就知道如何自處了。這也算是活到老學到老吧。

現在希拉蕊下台了，下次再賭就是賭蔡英文如何下台！朴槿惠如何下台了。唉！這幾個女人真不爭氣。

二〇一六年十一月十五日

六十三、打七的花邊小事

九月說到的那本將要出版的小書——《跟著南師打禪七》，現在已經印好了，再過幾天就可以買到。這本書的封面先給大家看一下吧。

因為這本書的原故，不免想起當時的一些人和事。譬如那次參加打七的一位X君，也是禪學班的同學，就是此次與西藏的德吉女士對吵對罵的人。但在這本小書中，他沒有寫報告，而在《懷師》這本書中，有他的一篇文章。

想起他，又想起他參加一九七五年在佛光山禪七時的一樁趣事。這位同學是山東人，與我同年，本是作貿易生意的，由於病過一場，就暫停生意轉而學起佛來。他的文章不錯，字也寫得好，學佛努力，也是南師課堂的常隨聽眾，同時也是各寺廟的遊走香客。

話說那天他也來到老師辦公室，老師巧好不在，他說去佛光山打七，既然參加的有一百人（一半在家眾，一半是佛光山僧尼），這是南師在台灣打禪七，第一次有這麼多人參加，以往多是二、三十人參加。

X君說，既然人那麼多，只有李淑君一個人寫黑板似乎不太夠，頂好兩個黑板，他說志願擔任另一個寫黑板的人。

大家認為有道理，後來就得到了南師的同意。因為他會寫文章，字也寫得不錯，擔任這個工作，一定是游刃有餘的。

禪七開始，第一天，第一堂，禪堂大廳中一邊一個黑板，我剛好坐在X君要管的那個黑板旁邊。但聽南師講話清爽，提到一句經文時，李淑君迅速在黑板上寫下了經文。這時的X君不去寫黑板，卻發起呆來，忽又蹲下來，問我：「劉雨虹，老師說的什麼？」

這個意外的一問，使我火冒三丈，天啊！你不是自認會寫黑板嗎？怎麼連老師說的話都聽不見啊？於是不免氣沖沖的對他說：「你照著李淑君寫！」以後他就這樣，照抄李淑君寫在黑板上的字。

有人說，打七的場合，充滿各種力量，有人智慧開啟了，有人變成另一個人，形形色色，換言之，禪七道場的參與者，也是各色人等，不過一時與禪宗有緣而相聚一堂。像我們這位X君，還有另外兩人，老師曾說他們是佛油子。

不要小看佛油子，他們能說會道，熟悉經典及佛界人士，對於宣揚佛教的確是有一些貢獻的。

怪不得南師常說，他沒有傳人，沒有接班人，因為他是有教無類，跟他學習的人，各式各類都有，壞人不少於好人，越學越壞的人也不少，用他的名字謀利的人更比比皆是，眾生相嘛！

有一個老師的學生說得最妙，他說：「我不知道自己是好人還是壞人！」

誰又知道自己是哪種人呢？

二〇一六年十二月一日

六十四、那一天——雙十二

那一天，午飯後，宏忍師來說：「今天太陽高照，出去曬太陽吧！」到了院子裡，眼中所見的是綠樹紅葉，藍天白雲，陽光下似乎沐浴在溫暖的春風之中……

奇怪！現在不是冬天嗎？今天是什麼日子啊？為什麼如此溫暖啊？

「今天是十二月十二。」

哎呀！雙十二！那是扭轉對日抗戰的關鍵一天啊！大家都知道七七事變，日本侵略我們正式爆發的一天，但多數人不知道，雙十二事變才是對日抗戰的轉折點。

日本對中國的慢性侵略早已開始，全民憤怒，要求國民政府抗日，但蔣介石領導的國民政府的政策，是「攘外必先安內」，就是說先對付共產黨，再去抗日。

民國二十五年（一九三六），張學良控制（綁架）了蔣介石，請求他與毛澤東的共產黨合作抗日。那是趁蔣氏到西安時發生的事，史稱西安事變。

那年我是初中三年級，老師上課必先說明這件事的發展，因為全中國都在震驚不安之中，我們這些學生們，有人覺得是大禍將臨，有人則大為高興，深恐天下不亂，總之，都無心唸書了。

兩週後，蔣氏接受了與毛氏的合作，不再剿匪（共）了，事情圓滿落幕。廿五日蔣公並由張學良陪同，回到南京。

發動此事的張學良，所獲得的是「終身被監控」，失去了自由。不過生活很好，只是不能自由活動而已。於是才有想學禪宗，由監守他的官員，託仍在成都的南懷瑾先生，在文殊院買了一部《指月錄》。那是抗戰勝利後的一年。而這部《指月錄》最後到台灣又還給了南老師，因為張學良不學禪宗，改學明史了。

再說我們正在曬太陽，說雙十二之時，忽然「有朋自遠方來」，大家歡喜雀躍，寒暄擁抱之際，忽又收到寄來的新書——《跟著南師打禪七》。一時之間，不知身在何處，喜不自勝，大家相互拍照不停，笑聲連連，真乃「不亦樂乎」。

什麼？這照片中的人是我嗎？你們為什麼把我拍成一個老太后的樣子啊？我的腿傷已復元很多了，現在正在練習站立呢，再進一步就練習走路了。照片給大家看，評個理吧。

二〇一六年十二月十五日

說南道北：說老人、說老師、說老話

建議售價・220元

作　　者・劉雨虹
出版發行・南懷瑾文化事業有限公司
　　　　　網址：www.nhjce.com
董 事 長・南國熙
總 經 理・饒清政
總 編 輯・劉雨虹
編　　輯・古國治　釋宏忍　彭　敬　牟　煉
記　　錄・張振熔
校　　對・王愛華　歐陽哲
代理經銷・白象文化事業有限公司
　　　　　台中市402南區美村路二段392號
　　　　　經銷、購書專線：04-22652939　傳真：04-22651171
印　　刷・基盛印刷工場
版　　次・2017年4月初版一刷
　　　　　2018年5月二版一刷

設計編印　白象文化
www.ElephantWhite.com.tw
press.store@msa.hinet.net
總監：張輝潭　專案主編：陳逸儒

國家圖書館出版品預行編目資料

說南道北：說老人、說老師、說老話／劉雨虹著. --
初版.--臺北市：南懷瑾文化，2017.04
面；　公分.
ISBN 978-986-94058-2-9（平裝）
1.南懷瑾 2.傳記
783.3886　　106002452